我的夢想清單 07

追夢摩洛哥
馬格里布人的
從容與哀愁

艾倫、文琪、Jessica 詹、夏玟成雷／合著

序一　解鎖你的摩洛哥夢想清單

摩洛哥是一個奇特的地方，地處西北非洲卻又被高聳的阿特拉斯山脈與其他非洲國家隔絕，並阻擋了南邊撒哈拉沙漠熱浪的侵襲，讓這個地方成為氣候宜人、花木扶疏的天堂，有「北非後花園」及「烈日下的清涼國土」封號。在旅人的夢想清單中，摩洛哥有時候會被忽略，是非洲又不像非洲，與西班牙僅一線之隔，有著歐洲殖民文化，卻又不是歐洲。摩洛哥可以稱得上最富異國風情的國度，各種文化在此碰撞，最終成為現在的摩洛哥。

你對摩洛哥的印象是什麼？是否在腦海中會浮現這樣的影像：充滿阿拉伯風情、裹著頭巾的穆斯林穿著，黃沙滾滾的撒哈拉沙漠，藍色山城階梯上慵懶的貓咪，四大皇城的今夕，發生於卡薩布蘭加的心碎之作《北非諜影》，抑或是三毛筆下的流浪歲月……。摩洛哥的美麗與哀愁，總是令人嚮往。

當 Christina 來找元本旅遊，想要規劃一趟摩洛哥的圓夢之旅，我心想：會把摩洛哥放進旅遊清單的人，去了之後一定不會失望的。這是個客製化包團，從一年前開始規劃，出發日刻意選擇氣候合適，又避開穆斯林齋戒月，當然也考慮到五月分有許多公司舉辦股東會，部分貴賓必須留在臺灣……。行程設計從路線到酒店住宿、餐食安排、城市選擇與住宿長短，反覆修正。

Christina是一個對於旅遊非常有主見的旅人，行前也花很多時間做功課，了解她想去的地方，不是全部任由旅行社安排而照單全收。她曾經分享一些她的旅遊夢想清單，想要去的地方太多，但哪一個優先去實現？世界很大，旅遊清單有時間排擠效應，去了這個地方，就必須把其他的旅遊計畫往後延，所以她非常審慎地評估哪個地方要優先去，每一次的旅行也都會做各種功課，而最終她選擇了摩洛哥。

小布希是這一團的領隊，他與公司另一位專業領隊Alla，都是臺灣最專業的摩洛哥達人，他們感性體貼又善解人意，專業知識與緊急應變能力都不在話下。兩人都在疫情期間選擇在摩洛哥長住超過一年，為什麼旅遊經驗這麼豐富的國際領隊，會選擇在摩洛哥落腳？因為摩洛哥就是有這樣的魔力，地理上屬於非洲、卻又充滿歐洲風情，是個容易讓人遺忘，又百分百值得造訪的國度。希望這本遊記書能勾起讀者們想要去揭開神祕面紗的欲望，摩洛哥絕對是值得您優先去實現的旅遊夢想清單。

元本旅遊創辦人／董事長

目次 CONTENTS

夏玟成雷

MOROCCO

摩洛哥
文化交匯的北非明珠

摩洛哥的歷史由一系列獨立王朝主導，其中在穆拉比特王朝（阿爾摩拉維德王朝）與穆瓦希德王朝（阿爾摩哈德王朝）的統治下，國勢達到巔峰，疆域擴展至整個西北非，勢力更延伸至伊比利半島。一九五六年，摩洛哥正式宣告獨立，並逐步發展為該地區的重要強權。一九七九年，摩洛哥完成對西撒哈拉大部分地區的實際控制，然而，該領土主張並未獲得國際普遍承認，但阿拉伯國家聯盟則視西撒哈拉為摩洛哥領土。此外，摩洛哥亦聲稱對其北部海岸由西班牙管轄的休達、梅利利亞及西屬主權地擁有主權。

作為一個二元制君主立憲國家，摩洛哥的行政權由政府負責，立法權則由政府與兩院議會共享。然而，國王仍擁有行政與立法的決策權，並在軍事、外交及宗教事務上具有相當影響力。伊斯蘭教是該國的主要宗教，民眾普遍使用摩洛哥阿拉伯語作為口語，該語言與現代標準阿拉伯語存在一定差異。此外，由於歷史背景，法語與西班牙語亦在摩洛哥廣泛使用。目前，摩洛哥是阿拉伯國家聯盟、非洲聯盟與地中海聯盟的成員國，並為非洲第五大經濟體。

國　　名	摩洛哥王國 المملكة المغربية（阿拉伯語） ⵜⴰⴳⵍⴷⵉⵜ ⵏ ⵍⵎⵖⵔⵉⴱ（柏柏語） Kingdom of Morocco（英語）
官方語言	阿拉伯語、柏柏語
首　　都	拉巴特
土地面積	710,850 平方公里（若排除爭議領土則為 446,550 平方公里）
人　　口	36,828,000（2024 年統計資料）

MOROCCO

行程跟我走 ...

小布希
蕭育正

帶團與跑馬拉松改變了他的一生。

憑著一股真的好傻與毅力，每天比客人早起來去晨跑，全馬足跡遍布歐美亞非澳。跑齡十年來帶領超越五十個全球馬拉松團，陪伴的追星跑者超過千位。花了十年終於成為六星跑者，朝著七星邁進。

精通中日英法，正在學習德文、義大利文與阿拉伯文。自二十三歲開始帶團，帶領團員們用不同的方式體驗旅程，是個沒有讓所有團員留下感動的眼淚就不回臺灣的男人。

行程記事本

Check

穆罕默德五世清真寺及陵墓 Mausoleum of Mohammed V

穆罕默德五世國王於一九五六年年帶領摩洛哥走向獨立。為了紀念這位傑出的君主，從一九六二年開始，歷時九年興建了一座陵墓，成為摩洛哥歷史上具有代表性的建築之一。穆罕默德五世陵墓採用現代阿拉維王朝的建築風格，白色建築輪廓搭配典型的綠瓦屋頂，整體設計莊重典雅，不僅展現阿拉伯伊斯蘭精湛的建築工藝，也融入摩洛哥獨特的建築風格與裝飾藝術。

哈桑紀念塔 Hassan Tower

穆瓦希德王朝的第三任哈里發原本計畫興建一座全球最大的清真寺，其中包含一座高達六十公尺的哈桑塔。然而，在塔樓建至四十四公尺時，因統治者去世而停工，最終留下這座未竟的建築，宛如時光凝結的畫面。儘管未能依原計畫完工，這座宣禮塔仍成為拉巴特的象徵與知名旅遊景點。

烏達亞斯城堡 Kasbah of the Udayas

這座堡壘位於摩洛哥首都拉巴特，坐落在布賴格賴格河口的一處小山丘上，與對岸的塞拉隔河相望。與拉巴特其他歷史遺跡一同，它被列入聯合國教科文組織的世界遺產名錄。最初建於十二世紀的穆拉比特王朝，作為防禦南方柏柏人王國的屏障，現今仍然矗立的建築則是在穆瓦希德王朝時期重建而成。

曼蘇爾城門 Bab Mansur

梅克內斯擁有長達四十公里的城牆，其中最宏偉壯麗的城門當屬曼蘇爾城門，不僅是當地的代表性地標，也被公認為規模最大、工藝最精美的城門。其綠白相間的細緻瓷磚搭配雕刻精美的可蘭經文裝飾，宛如錯綜複雜的刺繡，被譽為北非最華麗的城門之一，甚至名列全球四大最美城門之列。法國作家皮耶．羅逖於遊記《在摩洛哥》中形容，曼蘇爾城門猶如一幅閃耀生輝的珍貴掛毯，輕輕覆蓋在古老的石牆上。無論晝夜，小巧的瓷磚在光線照射下閃爍不已，彷彿嵌滿璀璨的寶石。

沃呂比利斯 Volubilis

古羅馬帝國勢力強盛，北非的許多城市也無法倖免於其版圖之下。摩洛哥境內留存三座古羅馬城遺跡，其中位於梅克內斯的沃呂比利斯是保存最為完整的一處。此地最早可追溯至公元前三世紀，最初為柏柏人聚居地，隨後歷經腓尼基人與迦太基人的統治，後來更成為茅利塔尼亞王國的首都。全盛時期，沃呂比利斯曾有約兩萬名居民居住，直到八世紀才納入摩洛哥版圖，並在十一世紀因政權遷至菲斯而遭廢棄。

菲斯皇宮 The Royal Palace in Fez

菲斯皇宮的大門以黃銅鑄造，表面雕刻著繁複精緻的圖案，展現精湛的工藝技術。牆壁與柱飾則鑲嵌著精美的馬賽克拼貼，這些圖案由工匠們精心切割、打磨瓷磚、寶石與珠貝，再一片片手工拼接而成，充分體現伊斯蘭藝術的細膩與講究。宮殿的七道門象徵人生中的七件大事，寓意「七道門、七種幸福」，蘊含深厚的文化與精神內涵。

馬若雷勒花園 Jardin Majorelle Garden

馬若雷勒花園與摩洛哥大多數歷史或宗教景點不同，它展現的是藝術與品味的永恆魅力。一九二四年，由法國畫家雅克・馬若雷勒親自設計、建造，並於一九四七年正式對外開放。一九六二年馬若雷勒去世後，這座花園被世界知名的時尚設計師、國際品牌 YSL 的首席設計師伊夫・聖羅蘭收購，他在原有基礎上融入個人風格，使其更具獨特性，因此這裡也被稱為「YSL 花園」。聖羅蘭對這座花園情有獨鍾，甚至在辭世後將骨灰撒葬於此，彰顯他對這片藝術綠洲的深厚情感。

德吉瑪廣場 Jemaa el Fna

德吉瑪廣場和舊城市場上耍猴戲、草藥攤、賣水之柏柏人、弄蛇人等琳瑯滿目，活力四射的市集一年三百六十五天二十四小時不間斷，特別是在黃昏入夜之時更是熱鬧。德吉瑪廣場的樣貌活動百年來未曾改變，在二〇〇八年被聯合國科校文組織列為世界非物質人文遺產。

艾希拉 Asilah

公元前一千五百年，這片土地曾是腓尼基人的貿易據點。到了大航海時代，歐洲探險家揚帆遠航尋找新世界，艾希拉在一四七一年至一五四九年被葡萄牙人占領。一六九二年，穆萊・伊斯梅爾率軍收復此地。到了十九世紀至二十世紀，這座小城一度成為海盜的活動基地，甚至因而遭到奧地利的報復性轟炸。二十世紀下半葉，艾希拉開始進行重建，並透過舉辦各種藝術活動吸引歐洲藝術家前來，逐步蛻變為一座充滿魅力的旅遊城市。

舍夫沙萬 Chefchaouen

在摩洛哥里夫山脈的山谷入口，坐落著一座如夢似幻的山城——舍夫沙萬（契夫蕭安、紗富彎）。這座城市曾經與世隔絕數個世紀，漫步其中，彷彿穿越時光，沉浸在濃厚的歷史氛圍裡。白色房屋錯落相連，赭紅色屋瓦點綴其間，古老的土黃色牆垣見證歲月流轉。然而，最令人驚豔的，是那片瀰漫整座城市的迷人藍調——粉藍、寶藍、淡藍、亮藍、海水藍、孔雀藍……層層疊疊，交織出豐富的層次與韻律。陽光灑落，光影在蜿蜒小巷間跳動，將古典浪漫渲染得更加深邃動人。

MOROCCO

有限的人生，無限的嚮往

艾倫

本篇遊記執筆者。

自職場退休已有多年，隨著生活節奏的放慢和時間的增多，加上我和另一半同享打高爾夫球和旅遊的愛好，我們這些年開始探索另一種旅行方式。

在過去的十多年中，我們已造訪多個國家，享受結合高爾夫的旅遊樂趣。

走遍世界七大洲的我們，會努力保持健康，鍛練體能，繼續探索及品味更多值得深入旅行的地方，追逐夢想前行。加油！

她既有深厚的阿拉伯
和伊斯蘭文化底蘊，
又融合了歐洲的現代氣息。
這樣的摩洛哥，
值得每一位旅行者去探索
和體驗。

文琪

我是一個「讀萬卷書不如行萬里路」的實踐者。工作最忙的那幾年，我仍然會集中休假，每年選個喜歡的地方，和好友們一起來趟十幾天的旅行。退休後更是從心所欲，想去哪兒就呼朋引伴一起「壯遊」。

我是真的喜歡「壯遊」！一想到南北極、青藏高原、加拉巴哥群島、馬丘比丘、撒哈拉沙漠就讓人血脈噴張！至今，旅遊足跡已經踏遍世界七大洲！澳洲大堡礁的浮潛、西藏岡仁波齊的轉山、亞馬遜河的游泳，肯亞的動物大遷徙、沙漠裡的星空等等，都讓我此生永難忘懷！

如果要敘述我一生的故事，工作或許可以略過，說旅行就好！

我曾在金融業、傳統製造業和高科技半導體產業累積超過三十年的工作經驗。職涯裡自然少不了出國機會，大多數是因公出差。年輕時為升學和就業忙碌，沒看過《北非諜影》這部電影，也不曾拜讀三毛（1943-1991）的散文，對摩洛哥的模糊印象只有撒哈拉沙漠。

我已自職場退休多年，與另一半在過去的十多年中造訪了法國、英國、愛爾蘭、義大利、西班牙、葡萄牙、希臘、加拿大、越南、泰國及日本等多個國家。除此之外，我們也積極尋求更具特色的旅行經驗，先後前往南極洲、智利、秘魯、厄瓜多等地，不僅探訪了安地斯山脈的百內國家公園、亞馬遜河雨林、秘魯的馬丘比丘和庫斯科，還參與了厄瓜多加拉巴哥群島的生態之旅。這些旅程不僅豐富了我們的人生經歷，也讓我們對世界的美好與奧妙、環境的珍貴及其所面臨的危機有了更深刻的理解。

儘管新冠疫情曾經嚴重影響了我們的旅行計畫，但我們未曾改變初衷，摩洛哥

與摩洛哥結緣

就是我們下一個目的地。此外，我們也在規劃未來的行程，評估前進斯里蘭卡、波札那、墨西哥、巴西和中國山西等多個國家或地方的可行性和時間安排。

退休後的十幾年裡，時間變得寬裕，我們安排了許多有別以往的旅行，涵蓋五大洲，其中幾個行程尤其令人記憶猶新。首先是西藏。當班機在拉薩機場降落，我步出機艙的剎那，因為擔心缺氧而緊張萬分，結果一切平安順利。次日前往布達拉宮和大昭寺參訪膜拜時，心情激動，對能夠近距離瞻仰心儀許久的聖地，不自覺地熱淚盈眶。這次旅行雖然不長，但首次到西藏，接觸了不少藏傳佛教和藏族文化，感覺異常充實。

此外，我們多次從四川成都出發，探訪了青海、西康、雲南等地，一方面增長對包括藏族在內的少數民族生活、歷史和文化的了解，另一方面也遊歷了馳名的自然景觀，如稻城亞丁、海螺溝、香格里拉、青海湖和黃河源頭等。在路途中經過貢嘎山、仙乃日、央邁勇、夏諾多吉、梅里雪山和玉龍雪山等神山，對大陸西南邊陲地帶的大山大川和多元的地形地貌留下了深刻印象。

二〇一七年初，我們由智利首都聖地牙哥搭機前往其國境最南端的旁塔阿雷納斯，先去頗富盛名的百內國家公園調整時差和淨化心靈。在公園裡，無論凝視宏偉的安地斯山脈，或是冰河奇景、峽灣和湖泊等無與倫比的大自然奇觀，甚至只是在公園內漫步感受純淨的環境，都讓人目不暇接、心曠神怡。接著我們搭機直飛南極的喬治王島，然後搭乘遊輪開始探險之旅。選擇搭機是為了避免經過德瑞克海峽的洋流引起顛簸而暈船，也希望節省時間。儘管飛機起降受天候影響很大，我們回程時就因此在船上多待了兩天，等待天氣好轉後才搭機飛回旁塔阿雷納斯。二〇一六至二〇一七年約有五萬人前往南極旅遊，二〇二三至二〇二四年據說已突破十萬人。南極探險絕對令人耳目一新，在這個世界的第五大洲整日與壯麗的自然奇景如冰川、冰架為伍，還有許多浮冰，以及座頭鯨、企鵝、海鳥和海豹等動物。我們還參觀了多個國家的南極科研站，見到了在南極刻苦工作和生活的研究人員，甚為佩服。這次近兩週的知性、感性之旅，對每位參加者都是收穫滿滿，對南極這片淨土也有了更深的感動和理解，充分認識到人類需要更加努力來維護南極的風貌和環境。

接下來是秘魯之行，這是我們首次對印加古文明的探索。當地導遊介紹西班牙征服印加帝國的倒行逆施，讓我們感慨他們逐漸消失的命運。走進失落的天空之城馬丘比丘，親眼見到世界七大奇觀之一，我們對古印加人的智慧有了更多認識，包括馬拉斯古鹽田、庫斯科的古城建築和文化遺產。當然，安地斯山脈的亞馬遜河及其流域中的熱帶雨林也不容錯過。我們搭乘河輪沿著亞馬遜河流域，參觀原住民社區，見到了食人魚、粉紅豚、水獺、猴子和眾多鳥類，這段旅程令人感動且難忘。

南美的厄瓜多同樣充滿多樣的自然和歷史文化景觀。我們首先到訪首都基多，觀察這個歷史悠久的城市和許多保存完好的殖民時期建物，感受豐富的文化氛圍，也觀察到這個世界第二高海拔的赤道首都城市的特殊地理環境。我們還遠眺了科托帕希峰。最特別的安排是前往加拉巴哥群島。這裡擁有許多獨特的動植物，包括巨型陸龜、藍腳鰹鳥和海獅，這些發現促成了達爾文的進化論。這段行程距離雖遠，但內容多元豐富，絕對物超所值。

這些特殊的旅行經歷幫助我們開啟新視野、增廣見聞，並留下永誌難忘的美好回憶。因為去過西藏，我們才會再到尼泊爾和不丹，了解更多藏傳佛教和當地的風土人情。在智利與南極的探險經歷，促使我們再到南美拜訪秘魯和厄瓜多，接觸更多南美洲的歷史、文化和自然景觀。回想起來，很慶幸當時能堅持並積極規劃、完成這些旅行，否則今天因為各種主、客觀因素影響，這些地方可能難以成行。因此，我們思索是否應該繼續探索一些不去會遺憾的旅遊目的地，特別是趁著體力、精神仍不錯，外在環境尚未改變之際。此時不做，尚待何時？

北非的摩洛哥顯然符合這樣的需求。二〇二二年十月，我們在葡萄牙西南端的聖文森角觀賞落日，遠眺大西洋對岸的摩洛哥，激發了我們加速組團前進摩洛哥的決心。聖文森角據說是古羅馬時代的神聖之地，當時人們認為諸神和太陽從這個世界的最西邊沒入海中，也就是世界的盡頭。摩洛哥和阿爾及利亞、突尼西亞等北非國家被稱為馬格里布，意即「阿拉伯世界認為的世界最西端之地」。摩洛哥歷史豐富，曾是羅馬帝國屬地，後有阿拉伯帝國入侵帶來伊斯蘭教義和文化，再來是西班牙摩爾人入侵，近代法國成為其保護國，西班牙控制摩洛哥北邊沿海地區。摩洛哥的歷史和多元文化、宗教、政治影響使其在北非甚至整個非洲大陸顯得獨特。我們期待藉由旅遊來認識這個受多元文化及宗教影響的國度，及其獨特的定位和豐富的歷史遺跡！

菲斯城門前合照。

印象中的摩洛哥

年輕時，我對北非的印象僅限於撒哈拉沙漠，以及二戰期間德國陸軍元帥隆美爾在沙漠中發動的戰鬥。那時，我以為全世界最大的沙漠只是一望無際的滾滾黃沙。然而，現在得知這片廣袤的沙漠其實具有多樣的地貌，不同時段由於陽光照射會呈現不同顏色，不同地區也會展現出不同的形態。因此，我非常期待這次撒哈拉沙漠之行，能夠看到它豐富的地貌、壯麗的沙丘和落日餘暉的美景。

沙漠中自然少不了騎駱駝。多年前，我曾在敦煌鳴沙山體驗過一次。但因為駱駝太瘦，一路上騎得屁股疼痛不已；好友好心與我交換，但返程時天色已暗，我們得加速返回，結果換成好友叫苦連天。初遊鳴沙山時，我未曾留意它的名稱來歷，加上騎駱駝時分心，完全沒注意到沙丘上的沙子是否因風吹或駱駝行走而發出響聲。

幾年前，在澳大利亞中部的愛麗絲泉，我又騎過一次駱駝。但因當地巨石烏的吸引力，印象中多是那裡的壯麗紅色地貌和入夜後首次觀看南半球的滿天星斗的悸動。

疫情前我去過約旦，在俗稱「月亮谷」的瓦地倫再次見到廣闊的沙漠，當地似乎也是《阿拉伯的勞倫斯》故事的背景地。然而因時間有限，沒能體驗騎乘中東駱駝，只在當地遊牧民族貝都因人的帳篷裡品嚐了他們款待的薄荷茶。

這次摩洛哥之行，我們計劃進入沙漠地區並停留兩晚，近距離接觸和觀察著名的撒哈拉沙漠。這是世界第三大極地沙漠，面積幾乎是臺灣的兩百六十倍，橫跨非洲十一個國家。我們預定造訪的梅爾祖卡只是撒哈拉沙漠的一隅，但據說當地的沙丘地貌遠近馳名。我們安排了騎駱駝看夕陽美景，還安排了一晚住宿在沙漠帳篷，希望充分體驗沙漠生活。梅爾祖卡距離三毛曾居住過的西屬撒哈拉首府阿尤恩超過一千公里，可惜這次無法前往一遊。

二〇二二年十月在葡萄牙旅行時，當地人告訴我們葡萄牙和西班牙曾被摩爾人占領數百年之久，當時以為摩爾人就是沙烏地阿拉伯的遊牧民族貝都因人。現在我們了解摩洛哥的遊牧民族柏柏人（柏柏爾人）曾與伊比利半島有互動關係。摩爾人、貝都因人和柏柏人究竟如何區分？又有什麼關聯？我們只能等抵達摩洛哥後再去多了解一點了。

另外，摩洛哥足球一向傲視北非，二〇二二年的世界盃足球賽上，他們擊敗強敵，成為首支進入世界盃半決賽的非洲勁旅。雖然最終功敗垂成，輸給法國無緣爭冠，但殿軍成績依然令人欽佩。摩洛哥代表隊的成員包括部分海內外的柏柏人，看來柏柏人仍承襲著沙漠原居民祖先堅毅耐勞的拚搏精神。

對我來說，摩洛哥一直是一個神祕的國度。她位於非洲西北部，但與法國和西班牙一樣，摩洛哥也擁有大西洋和地中海的海岸線。由於位於直布羅陀海峽南端，摩洛哥控制著地中海進入大西洋的門戶，因此擁有重要的戰略地位。

這個國家擁有超過一千七百公里的海岸線，境內有阿特拉斯山脈和里夫山脈，以及廣闊的撒哈拉沙漠等地形，這些地貌估計占據了國土面積的一半以上。

摩洛哥歷來受到外國勢力的入侵和占領，包括羅馬帝國、阿拉伯帝國、西班牙和葡萄牙。在上個世紀初，她成為法國和西班牙的保護國，直到一九五六年三月才重獲獨立。不過，外國的入侵和殖民對摩洛哥的文化、語言、宗教、建築、經濟、社會和政治等方面留下了深遠的影響。前國王哈桑二世曾說過：「摩洛哥是一棵根植於非洲的樹，但其枝葉延伸至歐洲。」這句話具體表達了摩洛哥與歐非國家之間的密切關係。

摩洛哥的地理環境非常特別，面積廣大且地形多樣，有山脈、大西洋和地中海沿岸的平原，撒哈拉沙漠和高原地區。這些地形對各地區的氣候、農業和礦業等發展都有顯著影響。此次旅行的主要目標是造訪摩洛哥的幾個知名世界文化遺產，並前往該國最大的城市——卡薩布蘭加。整個行程將集中在摩洛哥北部地區，沿著大西洋沿岸的平原啟程，穿越里夫和阿特拉斯山脈，經過高原地帶並造訪撒哈拉沙漠。我們預期能在旅途中具體感受到地理環境差異帶來的不同影響。

美麗的藍色山城，早晨天色清朗。

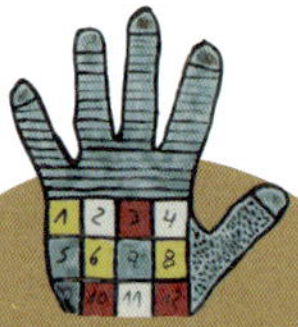

由拉巴特開始的旅程

我們從杜拜飛往卡薩布蘭加，乘坐阿聯酋航空的A380-800空中巴士。由於杜拜轉機的旅客過多，出發前才被告知雖然機型不變，但座艙有所調整，使航班能搭載多達六百多位乘客，比原先班機多了一百餘名乘客。因此，到達機場時，我們在入境通關處排了長長人龍，出關後的行李提取也顯得相當混亂。大家擠在狹小的空間內尋找自己的行李，找到行李後，所有人都鬆了一口氣，感到相當辛苦。

諷刺的是，我們的領隊小布希的行李是我們一行十七人中唯一未隨航班抵達的。經過兩個多小時的等待，我們決定留下小布希在機場繼續交涉，其他人驅車前往首都拉巴特，正式展開這次的旅程。

拉巴特自一九五六年摩洛哥獨立後成為首都，是一座相當新穎的城市。法國人在殖民時代對拉巴特進行了都市規劃，維持舊城區的樣貌，同時建立了新城區。新區包括皇宮區、商業區、藝術文化設施、公園綠地、新闢道路及完善的交通建設等，既具有現代化的城市風貌，又融合了歐洲和摩洛哥的傳統風格。新城加上老城被聯合國列入世界文化遺產之一。二〇一三年，美國CNN選出拉巴特為全球「值得旅遊城市」第二名。這次我們來到拉巴特，自然要仔細觀察和感受這個首都城市的獨特風貌。

當晚我們下榻於費爾蒙飯店及度假村，這是

雄偉壯闊的烏達亞斯城堡。

一家位於賽勒新區的新落成且極具品味的飯店，靠近大西洋和布賴格賴格河出海口。從飯店裡，我們可以清晰地看到對岸具有九百多年歷史的烏達亞斯城堡。晚餐時間，我們一邊品嚐美食，一邊欣賞太陽緩緩沉入大西洋的壯麗景象，觀賞夕陽西下時烏達亞斯城堡的色彩變化。

入夜後，我們在飯店外散步，看到了經過燈光照射後的烏達亞斯城堡城牆和塔樓，呈現出另一種迷人的景象。當晚恰逢滿月，皎潔明亮的月色反射在天際和海面上，與烏達亞斯城堡的夜景構成了一幅極為浪漫又溫馨的畫面。

次日早上，我們首先來到拉巴特市中心的知名未完工古蹟——哈桑塔。這座八百多年前動工卻始終未完工的清真寺，保留了一座未完成的宣禮塔（高四十四公尺）和兩百多根排列整齊、昂然矗立的殘留石柱。雖然建築殘缺不全，但仍能感受到當年計劃興建世界最大清真寺的雄心和氣勢。如今，只有不少海鷗和鴿子棲息或停留在宣禮塔及石柱上，這個曾經壯觀的建築如今顯得有些滄桑淒涼。

哈桑塔旁邊是穆罕默德五世的陵墓和清真寺，內有摩洛哥獨立建國的國王穆罕默德五世和他的兩個兒子——哈桑二世及阿布杜拉的靈寢。這是一棟相當現代化的建築，外觀以白色大理石和綠色瓦片為主，內部裝飾包括花崗岩地板、壯觀的吊燈、檀香木雕以及其他富麗堂皇的裝飾。整座陵墓及清真寺的外觀雄偉、造型華麗，內部裝飾精美細緻，與未完工的

頹然矗立的哈桑塔，給人一種淒涼之感。

哈桑塔形成了強烈的對比，讓人感嘆滄海桑田，撫今追昔，不勝唏噓。

隨後，我們參觀了當今國王穆罕默德六世的皇宮——拉巴特皇宮，位於新城區的中心地帶。遊客只能參觀皇宮周邊的花園和廣場。整個皇宮占地廣闊，建築物、園林和廣場是當地最亮眼的區域，氣勢非凡，顯示出皇居的宏偉和莊重。

接著，我們前往昨晚隔岸眺望的烏達亞斯城堡參觀。這座有九百多年歷史的古城面積不大，內部仍有不少住戶和手工藝店家，建築普遍呈現藍白色系，分布在狹窄又蜿蜒的街道和巷弄中。藍白建築與蔚藍的天空及城堡外的大西洋相互融合，形成了一幅別緻而生動的畫面。烏達亞斯城堡的城牆使用傳統摩洛哥的夯土建造（主要由紅黏土、稻草及石灰攪拌而成），通常呈現紅棕色。這座城堡是拉巴特的重要地標之一，始終是到拉巴特必須參訪的名勝古蹟。近年來，由於它出現在湯姆・克魯斯主演《不可能的任務：失控國度》影片中，人氣更加興旺。

離開拉巴特後，我們沿著大西洋北上前往艾希拉，這是一個漁港小鎮，有著漂亮的海岸線和海灘，也具有豐富的歷史和保存完好的古老小鎮。艾希拉每年定期舉辦國際文化藝術節，吸引來自世界各地的藝術家到訪，將老城區的白牆壁變成畫布，讓藝術家盡情創作，留下許多五彩繽紛的壁畫。這座城市雖小，但只要用心施政、善用資源、追求改變，現在也能展現出豐富的活力和生動的風貌，吸引更多的觀光旅遊潮流。

大家集合！在美麗的穆罕默德五世陵墓前留影。

漁港小鎮艾希拉，風景相當秀麗。

艾希拉充滿了藝術氣息，藝術家們將白牆當成畫布，留下五彩繽紛的塗鴉。

探索恬靜幽美的藍色山城

當我們在規劃前往摩洛哥的旅程時，舍夫沙萬這座坐落於里夫山脈的小城引起了我們的興趣。這個地方距離地中海約一一〇公里，最初於十五世紀由柏柏人家族建立，作為抵抗葡萄牙入侵的一座防禦堡壘（Kasbah）。隨著時間的推移，逃避西班牙宗教迫害的穆斯林和猶太人跨海至此尋求庇護。他們帶來了豐富的安達魯西亞和猶太文化，這對當地的建築、飲食和語言產生了深遠的影響，也留下豐富的歷史和文化。這個山城曾經封閉了數百年，直至二十世紀初才因偶然而被外界揭開其神祕面紗。舍夫沙萬以其獨特的藍色調聞名於世，迄今仍被譽稱為「藍色珍珠」。

在這次的旅行中，我們有幸住進了一家由傳統摩洛哥住宅改造的民宿旅館 Dar Jasmine。這家旅館的房間

歡迎來到民宿 Dar jasmine。

各具特色、裝潢精緻，並設有花園和噴水池。我們通過抽籤來分配房間，這讓大家都充滿期待和好奇，我們有機會參觀彼此獨特設計和裝潢的住房，增進了對這次住宿的記憶和印象。

在旅館的大露臺上，我們享受了壯觀的落日美景。那天雲層較厚，但當太陽沉入里夫山脈之後，晚霞如畫般鋪滿天空，為這座山城披上一層橙色的光輝。雖然旅館位於高處，進出需爬許多階梯，但這也讓我們能隨時鳥瞰整個城市的美景。

第二天，我們在這座迷人的山城中徒步漫遊。城區不大，我們穿梭於彎曲狹窄的街道，探索手工藝品店、咖

驚鴻一瞥藍色山城的街頭。

啡館和小餐館。這座城市的靜謐和特有的藍色背景為我們的照片增添了不少色彩。導遊小布希建議我們穿著白色衣物以獲得最佳的拍照效果，這讓我們的旅行照片更為出色。

這次的藍色山城之旅無疑為我們每個人帶來了難忘和溫馨的經歷，讓我們深深感受到舍夫沙萬獨特而迷人的魅力。

途經里夫山脈前往舍萬沙夫。

歷史探險之旅

我們從舍夫沙萬出發，前往摩洛哥最古老的皇城——菲斯（費茲）。這座城市起源於西元八世紀，位於阿特拉斯山脈西北方，周圍被丘陵環繞。菲斯是北非第一個伊斯蘭城市，數百年來一直是摩洛哥的政治、文化和宗教中心。雖然在二十世紀初法國殖民時期，行政中心曾短暫遷往馬拉喀什，一九五六年摩洛哥獨立後，首都定於拉巴特，但菲斯的宗教和文化影響力始終未曾消滅。

菲斯擁有眾多保存完好的中世紀摩洛哥式建築。其中最著名的是布日盧藍門（簡稱藍門），一面裝飾著藍色磁磚，另一面則是綠色，都飾有精美的花紋與幾何圖形。這座城門由法國殖民政府於一九一三年建成，是進

從菲斯城外的山頭上眺望遠方。

入老城區的主要入口和標誌性地標。菲斯還擁有摩洛哥最多的清真寺和伊斯蘭學校，包括九世紀創建的著名卡魯因清真寺，它是清真寺兼宗教學府，二十世紀七〇年代更名為「卡魯因大學」。這裡不僅是學習伊斯蘭學術的中心，也是菲斯的精神支柱。

菲斯的老城區是聯合國教科文組織的世界文化遺產，面積達二・八平方公里，是摩洛哥最大的老城區。老城區內擁有逾九千條街道和巷弄，是全國最容易迷路的地方。這裡的手工藝商家、傳統市場和工作坊繁多，我們特意走訪了一小段，深入體驗了菲斯建築特色和手工藝產業的繁榮。

在菲斯，我們選擇了位於老城中心的 Palais Amani Riad 留宿。這座曾是顯赫家庭的宅邸，經過一對法裔摩洛哥夫婦的翻新後變成了旅館。這裡的房間各具特色，設計和裝飾風格各異。我們在庭院中享受早餐時，被其精美的木雕和磁磚裝飾所吸引，感覺非常放鬆。

此外，我們在 Palais Amani Riad 也初次體驗了摩洛哥的土耳其浴（Hammam），這是當地一種流行的社交與放鬆方式。在熱蒸汽室中，先幫助我們身體放鬆，毛孔打開，接著服

菲斯著名染坊。

務員使用天然植物肥皂進行深層清潔。之後，服務員使用粗糙的手套為我們去角質，這一階段感覺相當刺激，但也是整個過程中最令人難忘的部分。最後，我們進入休息階段，結束整個過程。雖然這次體驗初衷是尋求放鬆，但在去角質時感受比較強烈；雖然身體已經清潔溜溜，但是心情卻因為緊繃未能充分放鬆。

我們次日前往距離菲斯不遠的沃呂比利斯和梅克內斯，兩個同樣擁有富有歷史的知名地點。

沃呂比利斯是摩洛哥境內著名的古羅馬遺址，最初由柏柏人建立，後由腓尼基人進駐，並在西元一世紀時成為羅馬帝國的一個省分。遺址包括凱旋門、神廟和集會廣場等，充分顯示出古羅馬的堅實國力和宏偉建築風格。

在羅馬帝國衰退撤退後，沃呂比利斯這個地區又因中世紀的地震，導致羅馬石柱、公共設施及豪宅等多處遭受嚴重破壞並最終被掩埋。此後，柏柏人重新進駐並使用這些遺址，直至十一世紀才最終離開。這些遺址在被遺棄許久後，於十九世紀末被重新發現，國際學術界隨後開始了挖掘和研究工作，揭示了這一地區羅馬帝國與北非柏柏文化的融合。沃呂比利斯不僅保存狀況良好，而且由於其豐富的歷史層次，成為了研究和旅遊的重要目的地。

梅克內斯，作為摩洛哥四大皇城之一，由阿拉維王朝的穆萊·伊斯梅爾於十七世紀建立。他是歷史上影響力極大的君主之一，使用軍事和外交手段確保了國家的安全與獨立。梅克內斯的許

多建築反映了當時的軍事和文化實力，如「Harem and Black Guard」區域展示了他建立的黑人衛隊的歷史，這也是此地被稱為「黑色皇城」的原由。穆萊．伊斯梅爾的時代被視為摩洛哥歷史上最具影響力的時期之一，他的政策和領導方式對國家產生了深遠的影響。然而，他去世後，由於繼承權的鬥爭，國力開始衰落。摩洛哥當前國王穆罕默德六世是他的後裔，領導著阿拉維王朝，繼續統治著摩洛哥。

不幸的是，當我們打算前往參觀時，由於梅克內斯的曼蘇爾城門正在進行修繕，因此只能在城外高處遠觀其壯觀景象。

沃呂比利斯古羅馬遺址。

梅克內斯靠近阿特拉斯山脈，是肥沃的高原地形，氣候和地理環境適合農業發展，也是摩洛哥重要的葡萄和橄欖產區，我們在菲斯一家法式餐廳 La Maison Blanche 用餐時，點選品嚐一支紅酒，就是梅克內斯一家酒莊釀製的。

這些行程不僅讓我們體驗了菲斯的文化深度和精神核心地位，還讓我們深入了解了摩洛哥的古羅馬歷史和阿拉維王朝的輝煌霸業。每一站的探訪都留下了難忘的記憶和對這片土地較深刻的認識與欣賞。

征服撒哈拉沙漠

從菲斯出發前往梅爾祖卡，全程約四百七十公里，幾乎是整天的車程。我們暫時告別了氣候怡人的平原地區，進入阿特拉斯山區。隨著海拔的升高，窗外的景觀逐漸變化，綠色植被覆蓋了大片土地，橄欖園和果園比比皆是。

當我們靠近伊芙蘭時，因為它位於中阿特拉斯山脈，海拔達一千六百五十公尺，下車時氣溫顯著下降，寒意逼人，與離開菲斯時的溫暖天氣形成了鮮明對比。伊芙蘭是一個四季分明的美麗山間小鎮，是夏季避暑和冬季滑雪的聖地，又被稱為「摩洛哥的小瑞士」。自二十世紀初法國殖民後，這裡迅速發展，其歐式建築和街道景觀與摩洛哥的其他傳統城市大為不同。我們不忘在

阿特拉斯獅子歡迎大家來到伊芙蘭。

鎮上的地標「阿特拉斯獅子」雕像旁合影留念。據說這裡還有一所知名的私立大學——阿爾哈維因大學，此校由哈桑二世國王和沙烏地阿拉伯法赫德國王（法赫德·本·阿卜杜勒－阿齊茲·阿紹德）於一九九五年共同倡議成立，為摩洛哥第一所用英語授課的高等學府，學生總數約兩千人，而伊芙蘭的人口總數也不過三萬多。這次由於時間有限，我們沒能參觀這所小而美的學府，但依舊慶幸經過這座與眾不同的度假勝地和教育文化小鎮。

在伊芙蘭短暫逗留後，我們繼續向米德勒特進發。這段路程須穿越中阿特拉斯山脈，山路崎嶇，但能近距離欣賞北非最大山脈的壯麗風光。米德勒特位於阿特拉斯山脈的心臟地帶，因高海拔而適合蘋果生長，被稱為摩洛哥的蘋果之鄉。我們在當地休息並用午餐，品嚐到當地養殖的鱒魚，魚肉肥嫩新鮮，十分美味，緩解了一上午的舟車勞頓，值得推薦。

離開米德勒特後，我們繼續駛往梅爾祖卡，剩下的路程還有近三百公里。我們先在高阿特拉斯山脈中，欣賞到林立的山峰、壯麗的峽谷景色和高原草甸地貌。離開山區後，眼前的景色變成了廣闊的高原和綠洲帶，還有一些柏柏人聚居的村落。靠近梅爾祖卡時，公路兩旁逐漸變成乾旱的荒漠地形，沙丘景象也逐漸出現。摩洛哥幅員遼闊，擁有海洋、平原、高山和沙漠等多樣的地貌和自然景觀。今天的長途跋涉雖然辛苦，但也讓我們體驗了沿途多樣化的地理風光，感受不同的自然景觀。

接近黃昏時，我們終於到達憧憬已久的梅爾祖卡，準備開始領略北非撒哈拉沙漠的風情，特別是名聞遐邇的厄爾切比沙丘群，我們來了！

米德勒特附近的景色。

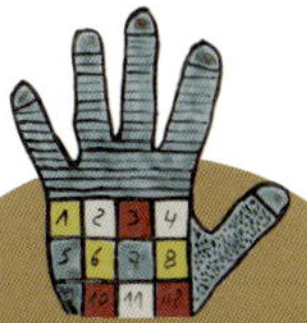

蔡適任博士的專業導覽

領隊小布希是一位感情豐富的男孩，他一路上與我們分享了許多關於三毛的生平、創作歷史、感情生活，以及她與西班牙夫婿荷西在摩洛哥三年生活（1973-1976）的點滴。經過他生動的介紹，我們深受感動。三毛當年住在西屬撒哈拉的首府阿尤恩，當時正值摩洛哥國王哈桑二世倡議「綠色進軍」，大量民眾自發前往當地宣示摩洛哥主權。我們此行不會前往西撒哈拉，但身為臺灣人，對於三毛生平及她的西撒哈拉沙漠經歷一直有憧憬。小布希的精彩介紹，加深了我們的了解和連結感。

此次旅程的重點之一是撒哈拉沙漠，我們的目的地是摩洛哥東南方的梅爾祖卡，它附近的厄爾切比因其豐富的沙丘地貌而聞名。我們在此住宿兩天，期望多體驗沙漠的風貌和人文環境。

第一天傍晚，我們抵達土堡旅館，隨即展開騎駱駝之旅，探索沙丘的豐富地貌。夕陽西下之際，我們騎著駱駝在沙漠行進，期待在沙丘頂觀賞落日美景並拍照留念。儘管天氣不佳，雲層影響了夕陽的清晰度，未看到完整太陽由沙漠邊緣下沉，但晚霞色彩依舊奪目，令人心曠神怡。大家無不抓緊時間拍照，特別是我們換上柏柏人的裝束，戴上頭巾甚至穿著長袍，不論騎在駱駝峰頂或在沙丘上迎接落日餘暉，大家的雀躍心情溢於言表。我這時發現自己核心肌力不足，若不是駱駝縴夫助一臂之力，登上沙丘還真不容易。難怪很多人說出外旅遊要趁早。我得痛定思痛，回到臺灣加強核心肌群和肌力鍛練，才能繼續逐夢行旅。

次日清晨，我們乘坐四臺四輪驅動車再次進入沙漠，開啟了一整天的生態探險之旅。來自臺灣雲林的蔡適任博士及其丈夫貝桑擔任我們的導遊。蔡博士在取得法國人類學博士學位後，憑藉其法語流利和對流浪生活的熱愛，來到摩洛哥做志工。她一來就愛上這片土地，在三年的工作即將結束時遇到貝桑——一位本地貝都因人。二〇一六年，他們結婚並在梅爾祖卡開設了名為「天堂島嶼」的民宿，致力於推廣沙漠導覽，幫助遊客了解沙漠環境的豐富性及其旱化危機。近年來，蔡博士還陸續出版了多本關於摩洛哥撒哈拉沙漠生態環境的書籍，旨在提高大眾對此主題的興趣和認識。她身材嬌小、佩戴眼鏡、身著當地傳統服裝，言語中總是流露出強烈的使命感。夫妻倆合作默契，貝桑對當地環境瞭如指掌，而蔡博士則負責為我們翻譯解說。他們兩位一直用法語交流，因為她認為跨文化的婚姻和大家庭共同生活，不使用阿拉伯語反而有助於家庭的平穩和和諧。

到達「天堂島嶼」民宿後，貝桑親自準備薄荷茶招待我們。這是我們此行第一次在當地人家中，體驗男主人親手泡茶的傳統文化和熱情好客。隨後，貝桑帶領車隊前往沙漠中的不同地區尋找化石及岩畫遺跡。我們首先來到一處新石器時代的古墓，代表當年這裡是有豐富水草資源、適宜生活的地方；接著我們在另一片沙漠裡找到不少動植物化石，包括三葉蟲、菊石和海百合等，這說明遠古時期這片荒漠應該是海洋，經過無數次地球板塊運動和地質變化，逐漸形成了現在的沙漠地形。

至於岩畫，大多隱藏在撒哈拉沙漠裡不易接近的區域。貝桑不虧是識途老馬，引領我們看到一些數千年前古人類留下的藝術創作，大略記錄當時的生活點滴及信仰。

而後，蔡博士又帶領大家來到一塊綠洲，裡面樹木成蔭，透過引進地下水或自然泉水儲存，村民可以從事農耕。她解釋道，綠洲內有疆界劃分，村落人家分別在自己的範圍內耕作。雖然沒有產權登記制度，但大家一直以來守望相助，共同保護水資源，維持平穩的耕作與生活。如今全球氣候變遷加劇，摩洛哥發展觀光事業帶來的人流，

沙漠中藏有豐富的化石和岩畫遺跡。

對於未來如何保護綠洲資源勢必形成重大挑戰。

中午我們來到沙漠邊緣的歷史小鎮里薩尼參觀。它曾是古代撒哈拉沙漠商貿交易的重要據點，仍保有阿拉伯和柏柏兩種文化的影響。我們順道參觀當地露天市場（souk）的交易，有農產品、手工藝品，還有驢子、騾子及馬匹等買賣。因為是週日，市場生意相當興旺。中午時分，蔡博士帶我們去鎮上一家傳統餐廳，品嚐沙拉、烤肉串和柏柏人餡餅等當地美食，這又是一次特別的經驗。有趣的是，我們發現鄰桌一對外籍夫婦，曾和我們在舍夫沙萬民宿 Dar Jasmine 相遇，當時也是一起在餐廳享用晚餐，真是應驗了「天下之大，無奇不有」。

枝葉茂盛的沙漠綠洲。

下午，我們來到鎮上蘇丹穆萊．阿里謝瑞（阿拉維王朝的創始人，現任國王穆罕默德六世的先祖）的陵寢和清真寺。里薩尼在摩洛哥歷史上，對阿拉伯人和柏柏人都有重大意義。當今阿拉維王朝具有阿拉伯血統，另一位蘇丹穆萊．伊德里斯二世（阿拉維王朝之前的齊里王朝建立者之一）的陵墓也在此地。穆萊．阿里謝瑞陵墓在十七世紀因洪水而損毀，穆罕默德五世於一九五五年下令重建，因此我們現在看到的是一棟新建築，外觀宏偉，具有伊斯蘭風格，華麗的圓頂尤其引人注目。可惜我們仍然不能入內參觀，只能在庭院裡略微瞻仰一下。

附近還有一座廢棄城堡——烏拉德．阿卜杜勒哈林古城，建於大約一百五十年前，由當時的阿拉維王朝蘇丹穆萊．哈桑一世為他的兄長所建，但如今已荒廢殘破，只剩下原始城牆和雕花大門，仍顯現出昔日的氣派。自從建立梅內克斯（黑色皇城）的蘇丹穆萊．伊斯梅爾去世後，因兄弟間的爭權奪位，摩洛哥國力衰落。這位蘇丹的陵墓經歷過水患後幾百年才得以重建，另一座城堡也荒廢已久，令人不勝唏噓。

我們接著造訪當地其中一個黑人村落。摩洛哥境內的黑人比例甚低（約為總人口數的百分之一），多為當年由西非遷徙過來的黑奴或商人後裔。這些黑人雖已歸化為摩洛哥人，並信奉伊斯蘭教，但他們將自己的音樂與當地柏柏及阿拉伯元素融合，形成了獨特的格納瓦音樂。這種音樂使用幾種不同樂器，節奏重複、旋律單一，據說是用來淨化心靈。現在村民通過表演這種音樂謀生，也藉此推廣這一獨特的音樂文化。格納瓦在二〇一九年被聯合國列入人類非物質文化遺產代表作名錄。

三毛和蔡博士都是遠嫁異國的臺灣女性。三毛在撒哈拉沙漠的生活時間只有三年，但她的作品如《撒哈拉的故事》（1976）在華人世界引起巨大反響，也是許多華人訪問摩洛哥及撒哈拉沙漠的原因之一。蔡博士與三毛背景迥異，志趣和工作也不同。蔡博士已在摩洛哥生活了十一年，且取得摩洛哥國籍。從一開始當志工起，她就關注撒哈拉沙漠的生態保育，現在更努力在不影響當地經濟發展和觀光事業的前提下，敦促及教育大家尊重沙漠資源的珍貴，避免旱化加劇，影響沙漠生態和未來的生活與生命。她通過導覽和出版書籍等具體行動推動這項工作，付出許多，辛苦而有成效，是一位值得尊敬的臺灣女性。因為她，我們這次的撒哈拉沙漠體驗既有趣又有意義，讓我們了解了沙漠的演變歷史、旱化趨勢及其可能的影響。

這次的撒哈拉沙漠之旅，從騎駱駝穿越沙丘、觀賞落日，到參觀古墓、化石和岩畫，再到探訪綠洲和歷史小鎮，每一步都充滿驚奇與學習。蔡適任博士與她的丈夫貝桑，通過他們的知識與熱情，讓我們對這片壯麗的沙漠有了更深入的了解與感悟。這不僅是一次觀光之旅，更是一段深刻的文化和生態探索之旅。希望未來能有更多機會深入了解這片神祕而美麗的土地。

沙漠中的古墓。

前往馬拉喀什的路上途經大阿特拉斯山脈。

造訪非洲好萊塢

瓦爾扎扎特是進入撒哈拉沙漠的門戶，也是摩洛哥境內以柏柏人為主的地區之一。我們離開梅爾祖卡後，前往這個充滿歷史、文化和自然景觀的另一個古老城鎮。

從梅爾祖卡前往馬拉喀什，必須經過摩洛哥境內最主要的山脈——大阿特拉斯山。沿途可以俯瞰周邊的山脈和峽谷的壯麗景觀。我們穿越沙漠，經過蜿蜒山路和高聳懸崖，類似臺灣北宜公路的九轉十八彎，當地稱為「蛇路」。途中還能看到傳統村落，雖然路途較長，但視覺體驗非常獨特。

沿途中，我們首先到達著名的托德拉峽谷。這是托德拉河貫穿大阿特拉斯山脈所形成的峽谷地貌，石灰岩岩壁壯麗雄偉。儘管它未必比得上我們在臺灣的太魯閣，但考慮到之前花蓮地震帶來的嚴重破壞，來到這個異地的峽谷，內心感受複雜。峭壁有的高達三百公尺以上，據說這裡是徒手攀岩的重要地點，光是看地形就覺得這是一項高難度且危險的極限運動。這個美麗的峽谷景象也是大家拍照留念的好地方，小布希特別用全景模式為我們拍了類似臺灣地圖背景的照片，非常有紀念價值。

摩洛哥也有一個臺灣！

路途中另一個重要的小鎮——玫瑰谷，它位於前往瓦爾扎扎特的半途中，以大量種植大馬士革玫瑰及生產相關商品而聞名於世。每年五月，當地都會舉辦玫瑰節並選出玫瑰小姐。雖然我們錯過了今年的節日活動，但在婦女合作社經營的玫瑰產品，如玫瑰水和精油等，都有不少收穫，這些產品是法國著名化妝品的主要原料來源之一。

待加工處理的玫瑰花。

盛產玫瑰相關產品的玫瑰谷。

當天晚上，我們住在瓦爾扎扎特的貝爾貝勒宮，這是一家成立超過三十年的飯店，許多影視明星曾入住過。瓦爾扎扎特被稱為「非洲的好萊塢」，多部電影和電視劇都在此取景拍攝。這家飯店占地七公頃，庭院設計和花園景觀都非常優雅美麗。飯店內部陳列著許多影視拍攝用的道具和電影海報。餐廳的服務和餐飲水準都很高，值得推薦。

次日早上，我們參觀了阿特拉斯製片廠。這裡真的讓我們大開眼界，除了占地廣闊，片場外有山脈，內有沙漠地帶，還有包括古羅馬城堡、金字塔、阿拉伯等眾多場景，可以靈活調整使用。多年來，曾有不少電影及電視劇在此取景拍攝，包括《阿拉伯的勞倫斯》、《埃及豔后》和《冰與火之歌：權力遊戲》等經典作品。

阿特拉斯製片廠的導覽解說員。

從小到大，有許多影視作品對我們的生活影響很深，當片場導遊介紹布景、道具和相關的電影或電視劇時，大家都聚精會神，興趣盎然，自然也不會錯過在不同場景和道具前拍照留念的機會。聽說片場中還有布達拉宮造型的布景，可惜我們沒機會看到。

我們接著前往阿伊特本哈杜村參觀，這是摩洛哥最早被聯合國列為世界文化遺產的著名古堡村落，位於馬拉喀什和撒哈拉沙漠之間的古商道上。十一世紀由柏柏人家族建立的堡壘村，山下有乾河（wadi）作為屏障，山上的住戶密密麻麻，都是用夯土修建的泥磚民房，紅土色外牆和塔樓，經過近千年色澤依然鮮豔，反映了傳統柏柏人的建築風格。這裡被譽為最美麗的村落之一，儘管近千年依然屹立，遊客絡繹不絕。

這樣一個具有歷史價值的文化遺產本應值得大家仔細品味，然而，由於這兩年摩洛哥旅遊業復甦，遊客數量大幅增長，各個景點附近的商店和攤販也隨之增加。這是我們極不樂見的現象，因為它影響了旅遊環境和品質。阿伊特本哈杜村只是冰山一

最美麗的村落——阿伊特本哈杜村。

活潑迷人又浪漫

角。摩洛哥旅遊管理部門似乎已經注意到這個現象，希望能夠及時採取有效措施，妥善維護這個珍貴的歷史遺產和生態環境。

我們離開瓦爾扎扎特之後，橫跨巍峨壯觀的大阿特拉斯山脈，前往馬拉喀什。行駛在海拔兩千多公尺的公路上，再次體驗了風景如畫的山區風景，山頂上還能看到不少積雪。這裡的石灰岩山脈土壤加上乾旱的氣候，適合摩洛哥堅果（阿甘樹）生長。我們參觀了一家由柏柏婦女經營的阿甘油合作社。阿甘油是摩洛哥一款美容（護膚、護髮）和烹飪的聖品，聲名遠播，不分國內外遊客都熱衷於試用和採購。

經過數小時車程，我們終於穿過阿特拉斯山脈，抵達行程的倒數第二站馬拉喀什。這座城市位於摩洛哥中西部的肥沃沖刷平原上，高聳的阿特拉斯山脈就在它的西南方。馬拉喀什是摩洛哥四大皇城之一，又稱為「紅色皇城」，老城區也是摩洛哥九項世界文化遺產之一，這些特質使得馬拉喀什成為遊客最熱衷探訪的城市之一。

我們這次選擇住在老城區知名的五星級馬穆尼亞飯店。它原是一位十八世紀蘇丹阿卜杜拉·本·穆罕默德送給兒子作為結婚禮物的一座果園，占地十三公頃。在二十世紀法國殖民時期，此處改建成為現今的飯店。法國建築師參考摩洛哥傳統建築風格，融合多樣裝飾藝術，如精工木雕、瓷磚、彩繪玻璃和壁毯等，再運用許多現代的裝置藝術，飯店從內裝到外觀都是精緻設計和工藝的結合。自一九二九年正式營業後就受到各界矚目，包括英國首相邱吉爾也曾多次下榻，並稱讚這是他住過最好的飯店之一。大廳裡仍有以邱吉爾命名的雪茄酒吧，一位難求。還有許多其他國際政商影星也曾造訪入住，包括戴高樂、羅斯福、曼德拉、雷根、柯爾等。演藝圈的希區考克、寇克．道格拉斯、保羅．麥卡尼、奧瑪．雪瑞夫等名人也曾光臨。

入住後已接近黃昏，小布希帶著我們匆匆穿過飯店隔壁的庫圖比亞清真寺。這座已有將近九百年歷史的知名清真寺，呈現典型的摩洛哥和安達魯西亞建築風格，迄今仍是馬拉喀什的地標之一，但只對穆斯林信眾開放。據資料顯示，它內部有華麗的中庭、精美的石雕和瓷磚鑲嵌等，可惜我們無緣欣賞。它還有座外形雄偉的宣禮塔（七十七公尺），塔頂端的四個金球裝置有不少相關的傳說。

黃昏時分的庫圖比亞清真寺。

穿過清真寺後，我們來到了已連續營業超過八百年的德吉瑪市集廣場。我們快步走向廣場邊一間咖啡店的頂樓，那裡已經擠滿了許多遊客。我們也加入行列，一起等待夕陽西下並觀賞落日餘暉。今天的運氣極佳，我們終於看到了十幾天來最耀眼奪目的落日和晚霞滿天的美景，這讓我們理解馬拉喀什被稱為「紅色皇城」的另一可能原因。我們在這裡拍攝了一些精彩照片，留下美好的回憶。

看過不凡的夕陽美景後，我們帶著滿足的心情，漫步走回飯店。夜幕低垂，但德吉瑪廣場更加熱鬧非凡，擠滿了人潮，我們完全認同它是這座老城的靈魂和中心。好奇心驅使我們嚐了一碗聞名的蝸牛湯，口感還不錯。但由於舟車勞頓，廣場上眾多商家和攤位，我們今晚就先割愛了。

馬拉喀什的絕美晚霞景色。

馬穆尼亞飯店的幾家餐廳都圍繞著大游泳池，我們連續兩天坐在泳池畔用早餐，看著旭日東昇，品嚐豐盛可口的早餐，度假的輕鬆和快感油然而生。

在馬拉喀什的次日早上，小布希安排我們搭乘馬車悠閒愜意地前往慕名已久的達奄蓮咖啡（Dar El Bacha）本店，見識這裡的建築、庭園並體驗他們經典的手工沖泡咖啡。摩洛哥境內似乎也只有馬拉喀什還保有在老城區乘搭馬車，享受浪漫的觀光之行。

精品咖啡之旅結束後，我們參觀了當地知名的老城區，這也是另一項世界文化遺產，大約在西元一〇七〇年建成，迄今仍保有十九公里相當完整的城牆。老城區的建築採用夯土，因含鐵質而呈現特殊的紅土色，這也是馬拉喀什被稱為「紅色皇

達奄蓮咖啡店裡應有盡有。

城」的原因之一。在停留於此的兩天中，我們經常在這座宏偉城牆沿線移動，感覺時間的流逝對它似乎沒什麼影響，依舊引人注目。

老城區的規模可能不及菲斯，但感覺街道巷弄沒那麼複雜，各式商品和品質似乎也好一些。小布希本擔心我們在逛街途中會因路邊眾多商品吸引或在蜿蜒巷道中迷路，所幸這並未發生。

中午我們到馬拉喀什頂級的「皇家曼蘇爾馬拉喀什飯店」用餐。這是另一家由王室投資興建的高級飯店。它以隱私為標榜，由五十三間「里亞德」（即傳統的獨棟別墅）所構成。雖然優質，但如果分住不同里亞德，團員的互動會受影響，且價格也高昂，最終我們選擇了離老城區更近、更典型的馬穆尼亞飯店住宿。不過出於好奇心驅使，我們到皇家曼蘇爾吃了一頓午餐，享受一次安靜美味的用餐時光，並趁機瀏覽這家神祕的皇家飯店。它從外觀到內裝設計、裝飾無不高貴，擁有大片茂盛的庭園及豐富的植被，看起來更適合重視隱私的家庭或團體居住。

當天下午沒有安排行程，大家留在馬穆尼亞飯店稍作休息，享受飯店舒適的氛圍和多樣設施。我們的房間面對著五公頃的美麗庭園，可以俯瞰綠意盎然的林蔭大樹和一座大型游泳池。走在種滿橄欖樹、橙樹和玫瑰的花園裡，呼吸著新鮮空氣，倍感幸福。雖然這家飯店已有近百年歷史，除了電梯之外，看不出歲月的痕跡，反而顯得溫馨舒適。總之，我們很慶幸選擇了這間屬於立鼎世酒店集團的馬穆尼亞飯店。

當天晚上，我們到老城區外非洲唯一的一家文華東方酒店，在他們的中式創意料理餐廳 Ling Ling by Hakkasan（米其林一星餐廳）享用晚餐。Ling Ling 是文華東方酒店系統內的一家連鎖餐廳，提供改良式粵菜，但這裡的菜色和口味與我們習慣的粵菜還是有些差距。這家文華東方酒店占地二十公頃，擁有大面積的景觀花園，還可眺望遠方的阿特拉斯山脈。旁邊還有一家「皇家馬拉喀什高爾夫俱樂部」，因此文華東方應是到當地度假放鬆的優質選擇之一。

隔天早上，我們參觀了馬拉喀什另一熱門景點——聖羅蘭的YSL花園（馬若雷勒花園）。這是法國知名時尚設計師伊夫・聖羅蘭從另一位法國畫家雅克・馬若雷勒手中購得的私人花園。公園面積不大，約兩公頃，但經過重新改裝，顯得風姿綽約，設計巧妙，更能吸引遊客的目光。公園裡有種類繁多的仙人掌、棕櫚樹，還有大片竹林，色調豐富，有綠色、黃色和獨特的寶藍色建築，處處皆是景，留下美照也是必然。參觀結束後，我們前往附近的YSL博物館，欣賞他當年領先群倫的前瞻性設計和作品，當然也趁機購買了只在當地銷售的YSL手提袋，還有由設計作品製作而成的明信片。

經小布希介紹才知道，摩洛哥的現代服裝設計行業值得關注，也會定期舉辦摩洛哥時尚周等活動。在YSL花園附近正好有一家時尚設計商品的店家，我們在店裡看到當地設計師將傳統服飾元素（非洲、阿拉伯和地中海）加入當代流行元素，類型豐富、設計新穎，看來這個北非國家在時尚行業已取得突破，並建立了自己的獨特形象。我挑了一件寶藍色麻紗襯衫，搭配手工縫製的圖案，感覺既時尚又有傳統美感，穿戴淺色系長褲肯定顯得陽光且帥氣。

隔日中午我們又回到馬穆尼亞飯店享用他們的義式餐廳。發現菜色地道，搭配當地特有的桃紅葡萄酒，驚喜地發現這款淡粉紅色的葡萄酒，有著漿果及柑橘口味，頗適合夏天飲用。這是我們離開馬拉喀什的最後一餐，對這座城市印象深刻且依依不捨。離開前，我們聚餐小酌，共用優美的環境和當下的美好時光，因此將留下更美好的回憶。

離開馬拉喀什前，我們參觀了知名的巴西亞宮殿。這座宮殿有近兩百年歷史，設計獨特，有當年罕見的義大利進口大理石，精緻的馬賽克瓷磚，天花板上的華麗木雕

美輪美奐的巴西亞宮殿。

等。小布希介紹這棟建築裡共有一百五十多間房間，但對外僅開放其中一小部分，且其中的傢俱和擺設幾乎都被清空。但透過小布希的解說，我們仍能想像當年此地的輝煌歲月。這棟建築融合了摩洛哥傳統和安達魯西亞風格，極具特色。

綜合而言，馬拉喀什的確名不虛傳，歷史悠久，文化內涵豐富，古典又浪漫。現在又陸續添加了現代化設施，包括五星級飯店、高爾夫球場等，難怪吸引眾多國際觀光客的青睞。

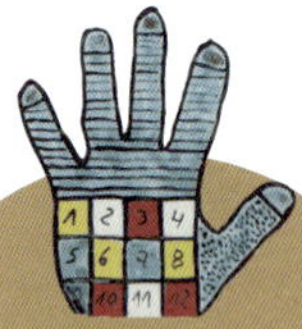

活力十足的卡薩布蘭加

在摩洛哥的最後一站，我們回到了卡薩布蘭加。出發前聽到一些評論，說這個最大城市沒有什麼遊覽價值，不值得多作停留。然而，對我而言，卡薩布蘭加是一座神祕而古老的城市，早已嚮往已久。如今有機會造訪，當然不能錯過揭開它面紗的一刻。因此，我們在這裡安排了兩晚，並選擇入住立鼎世之一的四季酒店。

四季酒店位於大西洋畔的頂級住宅區（安法區）濱海大道上，花園直通大西洋邊的沙灘。入住後接近黃昏，我們興沖沖地前往海灘，欣賞大西洋的夕陽美景。這天的晚霞極美，為天際和海平面增添了亮麗的金橙色。我們的手機幾乎沒停過，不願放棄這個精彩的瞬間。

四季酒店的設計和裝修都非常出色，房間寬敞舒適。可惜的是，面海的房間有限，我們只有前往沙灘或在餐廳用餐時才能一覽大西洋的美景。附近的濱海大道上，有一幢戒備森嚴的高牆深宅，據說是沙烏地阿拉伯王子的別墅，他恰好也是四季酒店的大股東之一。統治摩洛哥的阿拉維王朝與沙烏地阿拉伯有著深厚的聯繫。

在卡薩布蘭加的第二天一大早，我們前往聞名遐邇的哈桑二世清真寺參觀。這是摩洛哥乃至全球最壯觀的清真寺之一，規模宏大、建築精美，融合了伊斯蘭傳統文化和現代設計感，是這座城市最重要的地標建築。此清真寺是由法國建築師米歇爾・平索所設計，聯合摩洛哥境內近萬名工匠，耗時六年、花費近六億歐元才竣工。清真寺外有龐大的廣場，連同寺內禮堂可同時容納超過十萬人祈禱（室內二・五萬人，室外八萬人）。建築外觀採用象牙白大理石為底色，搭配綠色屋頂，顯得莊嚴純潔。它擁有世界最高的宣禮塔（二一〇公尺），塔頂的雷射燈會在夜晚照射遠方海面，指向聖地麥加。

哈桑二世清真寺氣勢非凡，內部裝潢也相當典雅氣質。

阿布達比的謝赫扎耶德大清真寺與哈桑二世清真寺類似，都是伊斯蘭教的代表性建築。雖然建築風格不同，外觀造型迥異，內部裝潢各具特色，但都非常值得仔細品味和瞻仰，且對外開放，歡迎非穆斯林入內參觀。

哈桑二世清真寺位於大西洋岸邊，三分之一的建築體延伸至海面，是舉世唯一。清真寺有多座氣派的鈦合金大門，防風防潮，雕刻精美的天花板可以自動開關，還有地熱地板系統等先進工藝。內部裝飾更是氣派萬千，使用了大量精心製作的磁磚、馬賽克、大理石、木雕、石雕和金飾鑲嵌。整個建築精雕細琢，無與倫比，進入寺內讓人自然感到莊嚴平靜，肅然起敬。這座清真寺絕對是摩洛哥的標誌性建築，是一個經典傑作，也是宗教、文化、藝術的極致表現，令人嘆為觀止。

離開這座壯觀的清真寺前，我們依依不捨，紛紛在廣場上留影。在大西洋輕拂的海風和清真寺宏偉外觀的襯托下，大家拍照時都顯得自然生動，形象飄逸俊俏。

影迷夢想中的 Rick's Café ！

年輕時，我得知卡薩布蘭加的名字來自一九四二年的著名二戰電影《北非諜影》，腦海中一直帶著它是一座古老且神祕的北非城市的印象。親身來到卡薩布蘭加，我們當然得去 Rick's Café 一探究竟。這家餐廳是根據電影場景復刻的，裝潢和道具都依照電影情節重新呈現。進入餐廳後，我們感受到濃濃的懷舊氛圍，仿佛置身於電影場景之中。餐廳和酒吧的環境非常特別，據說晚上生意更好，一位難求。我們在午餐時段前往，客人不多，因此用餐心情輕鬆愉快，整體體驗非常滿意。美中不足的是沒有聽到現場演奏或演唱電影的主題曲〈似水流年〉，幸好我們的朋友在一路上已經為我們播放過多次了。

卡薩布蘭加如今已是個現代化大都市，擁有超過四百萬人口，是全國最大城市和最大港口，也是摩洛哥和西北非的經濟樞紐。它與我們此行去過的其他城市相比，在特色、外觀和規模上都有很大不同。儘管有些部落客認為卡薩布蘭加缺乏更多古蹟和歷史故事，但我覺得摩洛哥作為一個發展中國家，正朝現代化社會邁進。每個城鎮各有其歷史和定位，未來發展也各有長處，正如臺灣的六都，各有特色與發展重點。

作為初次造訪摩洛哥的遊客，我覺得每個城市都有其獨特的魅力和差異。總而言之，卡薩布蘭加的兩天停留令我們感到開心，收穫滿滿。雖然只能略微領略它的發展歷程、文化特色及部分自然和人文景觀，但相信它會繼續在摩洛哥現代化進程中扮演重要角色。

卡薩布蘭加的告別晚宴

離開卡薩布蘭加的前一天，我們摩洛哥追夢之旅舉行告別晚宴，特別選擇市中心的金華飯店享用傳統中餐，感受家鄉的菜色和味道。這家餐廳由邱老闆夫婦於一九九一年創立，自從邱老闆前兩年過世後，現由他的一對兒女接手經營。邱老闆原是緬甸華僑，在受到作家三毛的啟發後，毅然決定與夫人移居摩洛哥，成為當地首批臺灣移民之一。餐廳以其優質的菜品和服務，在當地建立了良好的口碑，甚至在新冠疫情期間，我們的導遊小布希也常來此用餐，並與邱家建立了深厚的友誼。

晚宴上，除了品嚐精緻的菜色，我們還安排了一個小環節，讓團員代表提出對導遊小布希的建議和批評。小布希自旅程開始以來，以真誠和熱情的態度照顧大家，每日的行程安排精心且周到。他不僅為壽星們慶生，為母親們提前慶祝母親節，還帶大家去卡薩布蘭加著名的餅店 Pâtisserie Bennis Habous 購買摩洛哥糕點，並安排了正宗的土耳其浴體驗等等。他的聰明才智和高情商都讓人印象深刻，總以微笑迎人，主動提醒團員注意天氣和穿著等細節，認真解答並處理團員遇到的各種問題。

團員的發言充滿了感激之情，並沒有任何負面的評價，只有對小布希的讚美和感謝，大家都希望未來還能有機會再次與他同遊。晚會氛圍感性濃厚，笑聲和熱淚交織，尤其是名嘴夏小姐，她的口才出眾且言辭詼諧，不僅分享了旅行中和團員的親密互動，也肯定了小布希在這次旅程成功中的重要作用。小布希在致辭中也流露出真摯的情感，感謝大家的肯定與支持，並表達了希望能延續這段美好緣分的願望。

儘管這次旅程中遇到了一些意外的挑戰，如卡薩布蘭加機場的設施老舊以及通關和領取行李的效率較低，但這些並沒有影響到我們的總體旅遊體驗。摩洛哥的行程充滿了難忘的瞬間和深刻的文化體驗，每位團員都帶著滿滿的甜蜜回憶和精彩的照片結束了這次旅行。

告別晚宴不僅是一次精緻的中餐體驗，更是一次團隊心靈上的共鳴和情感的交流。大家在異國他鄉共同旅遊近兩星期，現在一起共享家鄉口味，共同回顧旅程中的點點滴滴，這種體驗讓我們更加珍惜這次旅行中，團員們形成的深厚友誼和共同的記憶。我們即將結束這次摩洛哥之旅，不僅帶著美好的回憶，也對未來旅行的諸多期待，以及再次相聚出遊的心願。

此行中有一段小插曲，就是在出發前杜拜遭遇大雨引起的航班延誤，幸運的是，我們的班機最終準時起飛，只在杜拜機場轉機時短暫延遲。然而，抵達摩洛哥後，小布希的行李遺失了，這讓他整個行程中幾乎只能穿著一套衣服，直到行程接近尾聲才得到阿聯酋航空訊息，告知他的行李終於來到卡薩布蘭加機場了。這一事件雖然給小布希帶來了不少不便，但他處理得相當從容，確保行程不受影響。這也反映了小布希在面對困境時的專業態度和責任心。

飲食酒品記事

出發前，團員們在群組裡討論是否需要準備泡麵以備不時之需。然而，到達摩洛哥之後，我們除了品嚐當地傳統食物外，也嘗試了各種不同的料理，包括義大利、法國和中式料理。事實上，我們只在馬拉喀什和卡薩布蘭加各停留兩晚，其中一晚為自由活動時間，方便大家休息或自行安排活動。每天的早、中、晚三餐基本上都相當豐盛，所以泡麵只成為留待白日補充體力的小點心，所幸數量不多，否則還得帶回臺灣。

我對摩洛哥主要食物的接受度很高，經驗也相當滿意，這可能是因為它們和中式料理比較接近。例如塔吉鍋，這種圓錐型陶鍋經過長時間燉煮肉類、蔬菜並加入香料，烹煮後食物鮮嫩入味，我尤其對雞肉情有獨鍾。

還有哈里拉湯，這是伊斯蘭齋月的開胃菜，使用鷹嘴豆、扁豆、蕃茄、麵條或大米及香料等烹煮，還可以加入肉類。在旅途中，我們喝了多次這道湯，覺得它和我們的湯品相近，十分可口。再來是巴司蒂亞餡派和庫斯庫斯，各有特色。巴司蒂亞餡派像餡餅，通常搭配雞肉、鴿肉或海鮮餡，加入香料、杏仁和洋蔥等；庫斯庫斯則是用蒸煮的大麥製成的粗麵粒，常搭配肉類、蔬菜和香料。

對於烤肉串，我一向不太熱衷。當地的烤雞肉串肉質和口感還行，但烤牛肉串的吃起來較普通，或許是因為肉質的關係。摩洛哥的食物烹調普遍使用香料，如藏紅花、茴香、孜然和胡椒等，也少不了鹽。這對習慣清淡飲食的臺灣人來說，是一大考驗。

值得一提的是魚類，本以為摩洛哥的主食應以肉類（雞、牛、羊）為主，沒想到我們此行吃的魚類，如高山養殖的鱒魚，大西洋和地中海的海鱸魚、紅鯛魚、多利魚、鰈魚和鮭魚等，都很新鮮美味，肉質厚實，不論煎煮都很不錯。當地的蝦品質也很好，所以行前的擔心是多餘的，摩洛哥的水產相當豐富且料理方式也頗合我們這些臺灣人的胃。

在摩洛哥一定會喝薄荷茶，這是當地人的國飲、北非人的文化象徵，社交場合中不可或缺。綠茶中加入新鮮薄荷葉，對不常喝茶的我而言，也很容易接受，但不會像當地人那樣加入大量砂糖或方糖。

當地也盛產堅果，如杏仁和核桃，不但作為零食，也常用在菜餚和甜點中。由於地理位置和氣候的原因，它們的花生也很新鮮好吃。摩洛哥橄欖的產量不少，我們吃了不少橄欖，而它們的橄欖油，搭配麵包和沙拉更是可口。我們也吃了許多柑橘類水果，據說這些水果大多出口到法國，還有葡萄、西瓜和香瓜等水果也都挺新鮮甜美，經驗都很不錯。早餐常見的醃李子和椰棗，顆粒大又新鮮，印象也挺好。在里薩尼小鎮逛市集時，小布希抱了一個大西瓜到餐廳，飯後大家分享，多汁香甜，完全不亞於臺灣的西瓜。

摩洛哥的麵包也受到法國影響，加上小麥是主要農作物，摩洛哥人做的麵包相當好吃，不輸法國麵包。幾乎每餐都會有麵包配橄欖油或奶油，只能把控制體重的課題留待返臺後再說吧。

當地的餐後甜點種類繁多，是家庭和社交聚會中不可缺少的一部分，但有些甜點會加入肉桂等香料，我不是很習慣，只會淺嚐即止。

總體而言，摩洛哥食物多元且有特色，不論是麵包、前菜沙拉、各類主食還是餐後甜點，都提供了多樣選擇，口味也都不錯。臺灣人應該會有較高的接受度，只需考慮對菜色的鹹淡及香料的適應度即可。

摩洛哥的西瓜完全不輸臺灣！
（Jessica 詹／攝）

在馬拉喀什的第二天一早，小布希安排我們乘坐馬車悠閒地前往老城區的達奋蓮咖啡館。雖然它每天十點營業，但我們九點半左右到達時，已經有許多人在排隊等待。不知道小布希是怎麼做到的，我們竟然不需排隊，便在咖啡廳開門後直接進場，並坐在靠窗的座位。

這座富麗堂皇的宅邸曾是二十世紀初當地士紳帕夏（意指高級官員或貴族）的住宅。達奋蓮咖啡館不僅提供美味咖啡，還能欣賞到精美的裝潢和典雅的中庭花園。這裡到處都是精緻的磁磚、馬賽克、大理石和木雕等裝飾，整個環境高尚華麗，讓我們在喝咖啡時感到心曠神怡。

近年來，達奋蓮咖啡的名聲迅速崛起。我在杜拜、新加坡和臺北都看到他們設立了裝潢亮麗、規模頗大的旗艦店，供應成百上千種來自全球的百分之百阿拉比卡咖啡。據說他們還計劃在短期內在全球十一個國家成立更多據點。他們的行銷策略相當成功，吸引了消費者的好奇和關注，在臺北的據點經常有眾多排隊人潮等待消費。這次小布希帶我們來到超過百年的本店開洋葷。我們品嚐了他們的招牌咖啡，體驗了特別的沖泡方式和儀式感，當然也不忘購買一些咖啡豆。儘管這裡的咖啡豆價位不便宜，但在店裡享受優雅環境和良好氛圍下，CP值顯得更高。

達奇蓮咖啡在二〇一九年被新加坡的 V3 Gourmet Group 收購。它的 CEO 是一位摩洛哥裔法國人，集團致力於推廣大眾負擔得起的奢侈飲品和美食，其中的代表品牌就是達奇蓮咖啡及特威茶（TWG Tea）。我感覺如果摩洛哥後裔可以將故鄉的商品發揚光大，變成國際熱門話題，臺灣人也應該能透過強化品牌和有效的行銷策略，將我們優秀的電子技術及其他商品拓展到全球市場。

此外，我們也在摩洛哥嘗試了當地的一些酒品。雖然穆斯林基本禁酒，但配合政府大力拓展觀光事業，我們在旅遊期間許多地方都能喝到酒，也有一些賣酒的商店。

為了配合飲食屬性及天氣，我們嘗試了當地的幾支紅、白葡萄酒，還有唯一的啤酒，當地知名品牌「Casablanca beer」。這些酒品的品質都不錯，價格也十分親民合理。

摩洛哥沿海及內陸高原地區適合種植葡萄。在菲斯的法式餐廳 La Maison Blanche 用餐時，我們經推薦選擇了一款梅克內斯「帝王酒莊」二〇一九年的紅酒。這家酒莊二十世紀初由法國人創建，但在二〇〇二年轉讓給另一知名法國酒莊業主。這位業主原本在波爾多擁有佩薩克雷奧良地區的拉里奧比昂酒莊，且酒品頗受好評。我們選擇的這支紅酒用了卡本內蘇維翁、梅洛和希哈三種葡萄，口感濃郁且結構完整，大家都頗為驚豔。

除此之外，這款酒的價格也相當合理。雖然 La Maison Blanche 是一家知名餐廳，但單支酒只要五百九十摩洛哥迪爾汗（又譯「摩洛哥迪拉姆」，約新臺幣五千兩百元）。到了卡薩布蘭加，我拜託小布希帶我去酒商找到這款酒，它是店裡訂價最高的紅酒品牌，然而一瓶訂價只要兩百六十五摩洛哥迪爾汗（約新臺幣兩千兩百元）。我

穆罕默德五世的政治智慧

們還在馬拉喀什的馬穆尼亞飯店喝了它冠名的桃紅葡萄酒，這是一款用紅葡萄釀製的粉紅色酒，果味豐富、清香，非常適合消暑。

在摩洛哥旅遊期間，我對他們的君主立憲體制感到好奇，於是詢問當地導遊對摩洛哥自一九五六年恢復獨立後歷任國王的印象。他告訴我，在二戰初期，由於摩洛哥自一九一二年以來一直是法國的保護國，希特勒曾飛到摩洛哥的坦吉爾，與蘇丹穆罕默德五世會面，希望他協助推行反猶太法律。當時摩洛哥的猶太人約有二十五萬人，穆罕默德五世斷然拒絕了這一要求。他表示，猶太人是摩洛哥子民的一部分，應該與穆斯林享有同等待遇。

穆罕默德五世拒絕向法國維琪政權和希特勒提供猶太人名單，不同意將猶太人視為次等公民，保護了當地的猶太公民免於被迫害甚至屠殺。儘管絕大多數猶太人在一九四八年以色列建國後離開摩洛哥回到以色列，據說他們至今對穆罕默德五世仍懷有感激之情。

我們在臺灣長大，對這段歷史並不熟悉，但這告訴我們，當年伊斯蘭教徒與猶太教徒在摩洛哥是可以和平共存的，猶太人對當地經濟發展也做出了重大貢獻。如今，看到以色列與哈瑪斯（伊斯蘭抵抗運動）之間的尖銳矛盾和持續戰亂，眾多無辜百姓深受其害，我不禁感到困惑，為什麼不同時代、不同國家和不同領導人會有截然不同的態度或立場？如果猶太人和阿拉伯世界的仇恨持續代代相傳，不僅會造成中東地區的不安定，甚至可能引發地區戰爭，波及更多無辜百姓，對相關國家也將造成深遠且重大的影響。為什麼不能效仿摩洛哥當年的包容與共存？穆罕默德五世即使是在不對等的保護國地位，都敢不畏強權和威脅，這樣的精神和格局令人欽佩。

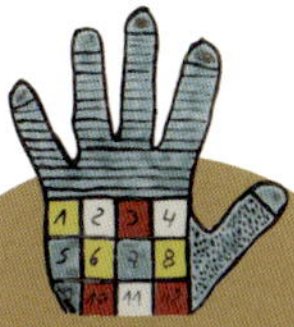

摩洛哥記趣

雖然我們此行是旅遊，但以巴衝突也可能直接或間接影響旅遊。我留意到阿聯酋航空從杜拜飛往卡薩布蘭加的航線特意避開以色列地區，繞經黎巴嫩，走了一段U字型路徑。另外，機上的WiFi在波斯灣（阿拉伯灣）一帶無法使用。願天下太平，政治人物放下成見與仇恨，努力創造和諧，共存共榮，這樣旅遊才能更安心、更開心。

猶記二〇二三年五月到希臘去旅遊時，不管是在首都雅典的街頭或者是在聖托里尼以及克里特島上的風景區或商店街，都隨處可見到貓咪，這些貓咪或躺或站，或悠閒地在街頭巷弄遊蕩，與當地的環境、居民生活及熙熙攘攘的遊客融為一體，給人一種安祥且有趣的感受。

這次來到摩洛哥，我發現這裡的貓咪數量更多，且大多是流浪貓。無論是在拉巴特的烏達亞斯城堡、藍色山城舍夫沙萬、菲斯和馬拉喀什街頭和眾多巷弄裡，或是阿伊特本哈杜村和卡薩布蘭加的路邊，流浪貓隨處可見，甚至經常在我們拍照時闖入鏡頭。

出於好奇，我查詢一些資料，發現摩洛哥全國家庭飼養的寵物貓多達兩百五十萬隻，但流浪貓的數量可能更多。這是為什麼呢？一種說法是，伊斯蘭教認為貓咪是先知穆罕默德喜歡的一種動物，牠象徵清潔和幸運，因此比狗狗更受人民青睞。由於這種宗教和文化傳統，貓成為摩洛哥居民的主要寵物，同時也讓流浪貓更容易於獲得社區民眾餵養和庇護，使牠們得以生存和繁衍。

這種現象與在美國、英國、法國、德國、義大利、日本等已開發國家，以及中國、俄羅斯、巴西和烏克蘭等國家看到的有所不同。在以上這些國家中，家庭熱衷飼養寵物，貓咪是主要選擇之一；而在摩洛哥或希臘的大街小巷裡，我們看到許多流浪貓，這成為我們在當地旅遊時的一種特殊景象。

摩洛哥的流浪貓與其特殊的文化和宗教背景息息相關，同時也反映了社區民眾對這些動物的寬容及愛護，甚至是對宗教信仰的倚賴。流浪貓在街頭巷尾自由自在地生活，成為摩洛哥城市及鄉村中不可或缺的一種景象，也為身為遊客的我們帶來許多有趣的觀察和體驗。

在多年盼望之下，我們由好奇、探索、嚮往到最後成行，此次終於完成一趟精彩難忘的摩洛哥之旅，這個最不像非洲的非洲國家。從她的多元文化到豐富地貌，再到特殊的經濟、飲食習慣和社會結構，摩洛哥無疑帶給我們許多驚喜和獨一無二的體驗。

首先，摩洛哥的文化深受阿拉伯和伊斯蘭傳統的影響，這一點在街頭巷尾隨處可見。許許多多的清真寺、高聳的宣禮塔、使用阿拉伯語以及穆斯林的日常生活習慣，使得這裡有濃厚的中東風味；特別是在馬拉喀什和菲斯這樣的古城，建築風格和文化氛圍都有非常強烈的伊斯蘭元素。

與此同時，摩洛哥的殖民歷史也為其留下了深刻的印記。卡薩布蘭加和拉巴特等地隨處可以見到法式建築，法語在許多地方通行無阻，這又讓人有時感覺彷彿置身於法國的某個小鎮。這種獨特的歷史交融，讓摩洛哥在非洲大陸上顯得格外與眾不同。

摩洛哥地處非洲西北角，隔著直布羅陀海峽與歐洲相望。此一地理位置使得摩洛哥在歷史上與歐洲——特別是西班牙和法國——都有著密切的聯繫。與撒哈拉沙漠以南的許多國家大不相同。摩洛哥的經濟相對多樣化，不僅有具規模的農業和豐富的農產品，還包括許多礦產、製造業和發達的旅遊業。我這次出遊帶了兩件麻紗襯衫，結果發現竟然皆是摩洛哥製造的。在馬拉喀什街頭經過幾家精品店，裡面陳列了很多當地設計和生產的時尚商品。至於餐飲方面，摩洛哥提供了柏柏人偏好的塔吉鍋、庫斯庫斯、哈里拉湯等傳統美食，同時也不乏地中海和大西洋的豐富漁獲，法國和西班牙風味的料理也是隨處可見。出發前以為可能每餐必見的羊肉其實反而並不多見，可以說飲食習慣或烹調方式對於國際旅遊客幾乎沒有任何特別障礙。

摩洛哥的經濟發展程度在非洲大陸上相對較佳，不僅體現於主要城市的現代化的建設上，還反映在它們完善的基礎設施和相當便利的交通系統，包括非洲第一條高鐵。無論是卡薩布蘭加的繁華，或是馬拉喀什的傳統與現代融合，都讓我感受到了這個國家的特殊魅力。

此外，摩洛哥在非洲也是一個相對穩定的國家。雖然西撒哈拉主權問題及茉莉花革命對當地的政治和社會形成若干挑戰，但總體而言，穆罕默德六世掌舵的政府依舊引領國家和社會穩健前行，使得摩洛哥在許多方面領先大部分非洲國家。作為一個國際遊客，我在該國旅遊期間感覺舒適、安全，一掃之前的顧慮。

摩洛哥的城市建設也給我留下了深刻的印象。卡薩布蘭加的現代化建築，拉巴特的整潔街道和完整的城市規劃，馬拉喀什龐大、古老的迷人市集。每一個地方都展現了摩洛哥的多樣性與現代化進程。尤其是那些融合了傳統與和現代的建築風格，讓我深深體會到那種不同文化碰撞帶來的美好。

摩洛哥，無論從文化、歷史或是地理、經濟等角度來看，都是一個獨特而迷人的國家。她既有深厚的阿拉伯和伊斯蘭文化底蘊，又融合了歐洲的現代氣息。這樣的摩洛哥，的確是「最不像非洲的非洲國家」，值得每一位旅行者去探索和體驗。

未來的新回憶

這次摩洛哥之行為期十三天，由於摩洛哥地域廣闊，只能選擇一些重點景點安排行程。如果還有機會重新造訪，以下幾個地方也值得一遊，包括地中海附近的丹吉爾和得土安，當然還有這次未能成行的梅克內斯。

丹吉爾位於摩洛哥北部，是一座港口城市，坐落於直布羅陀海峽西面入口，大西洋與地中海的交界處。丹吉爾和得土安自古以來便是歐洲列強爭奪的要地。在這裡可以透過直布羅陀海峽眺望西班牙，也有渡輪連接對岸的西班牙城市如阿爾赫西拉斯、塔里法以及巴塞隆納，並有直航前往直布羅陀。丹吉爾距離里夫山脈不遠，自然景觀豐富，擁有美麗的海灘和山丘。此外，這裡還有眾多歷史和文化遺產，包括安達魯西亞風格的傳統老城區和美國大使館舊址。目前摩洛哥的第一條高速鐵路，亦是非洲的第一條高鐵，於二〇一八年完工，現行駛於卡薩布蘭加和丹吉爾之間。

得土安與丹吉爾相距不遠，距地中海海岸僅十公里。這裡和舍夫沙萬一樣，曾是被逐出西班牙的摩爾人和猶太人的避難所，因此安達魯西亞風貌尤為濃郁。西班牙在摩洛哥境內仍保有兩塊飛地：休達和梅利利亞，她們與丹吉爾和得土安相距不遠。得土安的老城區是摩洛哥的另一處世界文化遺產，充滿歷史與文化的遺跡。

我們經常聽到「安達魯西亞風格」，對此話題常感到困惑和好奇。這次行程讓我略知一二。安達魯西亞位於西班牙南部，曾在西元八世紀起被摩爾人統治將近八百年之久。摩爾人起源於北非的阿拉伯和柏柏族群，他們進入伊比利半島後，經過長時間與不同民族的文化融合，產生了獨特的安達魯西亞文化或風格。這與摩爾人、摩洛哥和柏柏人的傳統文化有密切關聯，但各具特色且有差異。

我一直對摩洛哥與歐洲數個世紀以來，特別是與法國、西班牙和葡萄牙之間的複雜關係和互動充滿興趣。此次因時間限制，未能探訪摩洛哥北海岸的這些城市與景點，未能深入了解當地與伊比利半島的歷史關係及文化差異，所以期待有機會再訪。

至於梅克內斯，這次旅程因當地城門整修等原因未能成行，遺憾無緣看到其壯觀的城門、宏偉的皇宮、規模龐大的城牆、著名的老城區和傳統市集等。當年由柏柏人建立的奧瑪亞王朝興衰歷史及遺跡，尤其是蘇丹穆萊·伊斯梅爾的精彩故事，期待來日再探訪和了解。

馬拉喀什的夕陽緩緩落下，也如同我向這趟旅途道別的心情。

我們身為銀髮族，時間有彈性，除了摩洛哥之外，還有其他想要去探索的國家。如果保持良好健康狀況，當然希望未來繼續多走走多看看。以下就是我們期待成行的旅遊地點：

一、斯里蘭卡：儘管當地經濟困頓，我們對她豐富的宗教文明、美麗多元的自然景觀，以及寺廟、古城、石獅岩和茶園等景點充滿興趣。若能找到合適的導遊協助安排行程，以免錯過精彩景點，這裡將是首選地點。

二、波札那：南非的波札那在近年來成為觀察野生動物的新熱點。這裡擁有壯觀的自然景觀和豐富多樣的野生動物，包括擁有非洲最大象群的喬貝國家公園和世界自然遺產奧卡萬戈三角洲。此外，莫雷米野生動物保護區和中央卡拉哈里野生動物保護區也以其美麗自然景觀和多樣性生態聞名。若行程能包括附近的維多利亞瀑布及其周邊的野生動物，將是一段極具吸引力的旅程。期待能找到符合我們期望的旅行社！

三、墨西哥：我們對馬雅文明有著高度興趣，對其建築、天文、數學、文字系統、宗教文化、社會結構、藝術和手工藝等充滿吸引力。如果能在每年十月底至十一月初的亡靈節期間前往，肯定會是一趟精彩的追夢之旅。不過，臺灣人申請墨西哥簽證手續有些複雜，加上當地治安環境欠佳的新聞時有所聞，希望這些問題不會成為我們前往墨西哥旅遊的障礙。

四、巴西：我們曾遊歷南美洲的智利、秘魯和厄瓜多，但尚未造訪過巴西。聖保羅、里約熱內盧、巴西利亞和伊瓜蘇瀑布等地點都對我們具有吸引力。多年來我們計劃前往，但因當地華人朋友擔心治安問題而未能成行，期盼未來能找到合適的旅行計畫以實現這個夢想。

五、挪威峽灣：作為著名的世界自然遺產，我們曾短暫造訪過挪威，但仍希望有機會深度遊歷，細細品味蓋朗厄爾和奈略峽灣的美麗風光。

六、極光之旅：許多朋友近年來分享了在加拿大黃刀鎮、挪威、瑞典、芬蘭或冰島觀賞極光的美好經驗。對於生活在亞熱帶的我們，看極光確實是追夢目標之一。然而，也聽聞過高興啟程卻失望而歸的故事，因此需要慎重計劃，希望能在適當的時間遇到合適的天氣，看到極光。

七、山西：儘管已跑遍中國大多數地方，但尚未造訪山西。這裡有壺口瀑布、五臺山、平遙古城、雲岡石窟、晉祠和喬家大院等自然景觀及歷史文化古蹟。我們希望找到合適的導遊，深入探索豐富的中華文化和歷史遺產。去年底曾赴重慶參觀大足石刻，對龍門、雲岡、麥積山等中國石刻藝術和文化遺產充滿嚮往。

真心盼望能在有限的生命時間裡，走遍心所嚮往的美麗國度！

晚霞之下的藍色山城。

艾倫與文琪的夢想清單

再唱一首沙漠幻想曲

Jessica 詹

愛跳耀、不認老的阿嬤！

曾參與多本雜誌的創刊，服務過數個頂級精品品牌的公關，創立意傑藝術經紀公司，並引進國外優質音樂會品牌與製作國內音樂跨界節目。

臺大政治系畢業。念政治，愛藝文，談音樂，喜學習，勇冒險，好挑戰，話美食，希望能繼續登山、跳躍、旅行，看山看水更看見自己。

摩洛哥的行程既有荒漠的視覺震撼，
也能夠讓人汲取豐富的古文明，
無形中為旅行增添深度和養分。

出發

旅行的前兩天，恰巧碰上杜拜的世紀大雨，杜拜機場大淹水，甚至拒絕了轉機的旅客，大家都擔心班機會因此延期。幸運的是，我們成功避開了災難，行程並未受到影響。但當我們抵達摩洛哥的卡薩布蘭加機場時，看到那一片混亂的行李領取場面，讓我有種經歷浩劫後倖存的感覺。由於阿聯酋航空受到杜拜機場大雨的影響，行李輸送系統尚未恢復正常，導致行李可能混雜了幾班航班的行李，數量多得讓人無法想像。幸運的是，我們全團十六人的行李都順利出關，唯有領隊小布希的行李不見了。令人匪夷所思的是，直到兩週後回程時，才在杜拜轉機時取回他的失蹤行李。

宋領導勸我，不要把寫書這件事看得那麼嚴肅，而是將它當作一篇自己的旅行雜記來寫。旅行時，我們是以一種旅人的心態在體驗；而談起旅行時，我們則該以說書人的心態來表達。夏目漱石曾提到，旅行分為兩個階段：一是體驗，二是整理與吸收這些體驗。前者充滿忙碌，後者則需要沉靜與反思。的確，當我從摩洛哥回到臺灣後，一邊與記憶搏鬥，一邊記錄下這些點滴，好似又重遊了一遍摩洛哥。

摩洛哥的面積是臺灣的十二・五倍，這次緊湊的行程，讓我們不得不長時間坐車。在巴士上，大家也沒閒著。小布希那口才絕倫的嘴巴沒停過，時而像學者般談論豐富的人文歷史，時而像詩人般吟誦三毛的詩句，時而又像ＤＪ一樣播放歌曲，為每一個具有特色的景點鋪陳氛圍。這次寫下旅行筆記時，我模仿他播放相關的音樂，翻閱那些美好的照片，彷彿又一次回到了當時的現場。

與朋友攜手同行

朋友一生一起走　那些日子不再有
一句話　一輩子　一生情　一杯酒
朋友不曾孤單過　一聲朋友你會懂

——周華健〈朋友〉

「摩洛哥……好遙遠的國度喔。」

「去過，很美，但要有心理準備，車程會很長。」

「你要去看F1賽車嗎？聽說那裡有很多豪華汽車，最便宜的車是賓士！」

「哇！撒哈拉沙漠好浪漫喔，不知道在哪裡呀？」

摩洛哥對大部分亞洲人來說既遙遠又陌生，難免會有朋友把摩洛哥和摩納哥搞混。既然如此，就先來上個小小的地理課吧：我這次去的是非洲西北端的摩洛哥，而不是位於南法旁的摩納哥。對於一般人來說，如果我自己規劃旅行，可能會選擇去摩納哥、南法和義大利那類較能輕鬆旅遊的地方。

為什麼選摩洛哥？這是一個好問題，答案全歸功於我們心中永遠的領導——Christina 宋。記得幾年前的一次旅行，我們八個朋友在元旦準備出國，到了機場，大家互相詢問為什麼我們要去緬甸。最有趣的是，我們每個人都一口同聲地說：「因為 Christina 說要去緬甸呀！」那次由於她臨時被徵召去擔任臺北 101 董事長，公務在身無法同行，但我們依然乖乖地去了緬甸！

可見她在我們心中的領導地位。

她問我：「你去過摩洛哥？」

我回答：「沒有耶。」

她說：「走吧！一起去！」

Christina 總是能激起我內心深處的衝動。中年後的壯遊幾乎都是因為她的相邀，跟著她一起爬過百岳、富士山、進行西藏朝聖、探索亞馬遜河與秘魯的馬丘比丘等。朋友們常笑我們為何總是選擇這種自虐的旅遊行程，但我們甘之如飴，享受這些有挑戰又冒險的行程，希望能多一些人生的體驗與話題。

拍照是旅行中的重要工作，合照時每個國家的習慣不同。我們習慣說：「西瓜甜不甜？比耶！」大陸人則喜歡說：「來個茄子！」（不知為什麼是茄子？）美國人則會說：「Say cheers!」而在摩洛哥，當地的導遊教我們說：「Say Taijine!」一路上我們不斷喊著：「Taijine! 塔金！塔金！」

以鏡頭捕捉這份珍貴的友誼。

Christina 遊歷世界，懂吃懂玩更愛挑戰。她的人生清單上有四大荒漠、南極、北極、西藏，撒哈拉沙漠是她最後的拼圖。這次她和我們說，去年剛好認識了領隊小布希，等待已久的緣分終於到來，她有信心帶領我們前往撒哈拉沙漠。我因為財力有限，無法每次都跟隨，但近期的疫情讓我深刻感受到人生無常。正如好友旅行作家邱一新所說，我們的人生從主菜階段已經進入甜點階段，體力也不如往昔，於是我決定珍惜當下，第一時間就欣然報名，心中暗暗喊著：「非洲，我來了！」

感謝宋領導和她老公艾倫，勤讀資料，還有可愛的小布希花了很多時間討論並規劃行程，這趟旅行非常緊湊又豐富。年紀漸長，這樣的旅行或許是一次人生中的難得經歷，因此我們選擇順時針方向，仔細繞過摩洛哥一圈。這次是六十歲以上的千歲團出遊，住得好、吃得好，旅程中充滿了歡笑和快樂。這段旅程在我們的生命中或許只是一瞬間，但摩洛哥的燦爛陽光、浩瀚的撒哈拉沙漠、歷史古城、伊斯蘭教的文化色彩，還有彼此間的友誼，將永遠成為我們心中甜蜜又難忘的回憶。

象徵自由的天堂

天天天藍　教我不想他也難
不知情的孩子　他還要問
你的眼睛　為什麼出汗？
情是深　意是濃
離是苦　想是空

——潘越雲〈天天天藍〉

摩洛哥和許多歐洲國家一樣，隱藏著許多歷史悠久、文化豐富的小鎮，而艾希拉就是這樣一個臨海靜謐的小城。這裡曾先後被葡萄牙和西班牙占領，為了防禦而建起了沿海的高牆，這些城牆上覆蓋著時間的痕跡，靜靜訴說著這座小城的滄桑與變遷。

藍白相襯的靜謐小城——艾希拉。

漫步在艾希拉的街道上，彷彿走進了一個超大的藝術博覽會，每一面牆都是藝術家的畫布。藝術家們在許多房子的外牆創作壁畫，還有不少角落充滿了各種裝置藝術。這些壁畫中有些是永久性的，有些會隨著鎮上每年舉辦的活動主題而更新。每年夏天，艾希拉會舉辦國際藝術節，吸引來自世界各地的藝術家、音樂家、攝影師等前來參與。聽說，在旅遊旺季，小鎮的遊客數量可以達到十萬人以上。我們很幸運地選擇了這個時機來訪，沒有人擠人，反而可以悠閒地穿梭在狹窄的街道，靜靜地站在精彩畫作前合影留念。堡壘旁邊有一群穿著傳統服裝的樂手在演奏摩洛哥音樂，混合著海浪拍打的聲音，旅人們隨著旋律扭動身姿，感受那特殊的風格與小鎮濃郁的文化氛圍。

遊覽車在蜿蜒的公路上緩慢行駛，每個轉彎處，都能隱約看到一個依山而建、色彩繽紛的部落——這就是我們期待已久的藍

艾希拉的壁畫充滿了天馬行空的想像。

色小山城——舍夫沙萬。舍夫沙萬位於遠離塵囂的山區，它的名字「Chefchaouen」來自阿拉伯語的「看！兩個角」，chef是「看」，chaouen是「兩個角」的意思。這座小城被兩座高山——提斯卡山和梅固山所包圍，彷彿像是山城上方的兩個尖角。由於地理環境隱密，十五世紀時，許多回教徒和猶太難民為了躲避西班牙宗教法庭的迫害，逃到了這個山腰地帶，建立了這個孤立的流浪者堡壘。

我們大約在黃昏時分抵達，入住位於里夫山腳下的Dar Jasmine精緻飯店，位置極佳，可以俯瞰整個舍夫沙萬的舊城區。唯一的「通行密碼」考驗著我們的腳力——須爬二〇九個階梯的陡坡才能到達飯店。不同風格的房間散落在山坡上，為了公平起見，我們抽籤決定房間。莫非定律，越怕爬高的總是抽到更高層的房間，但幸好每個角落都有不同的視野。飯店的設計靈感來自一個美麗的愛情傳說，這個浪漫的故事讓四周種滿了繽紛的花葉。夕陽將天空染上紅橘色，與遠方的山城相互呼應，景色美得讓人讚嘆不已，手機拍照聲此起彼落。

曾經遺世獨立了五個世紀的舍夫沙萬，彷彿是一個與世隔絕的桃花源。這裡被譽為摩洛哥最美麗的山城，擁有安達魯西亞風格的紅瓦白牆和一片藍色的風情。全城的藍與白為這座小鎮創造了獨特的調色盤。或許有人好奇：這座美麗的藍色山城究竟是何時漆成藍色的？據說，一九三〇年時，猶太人為了躲避納粹的迫害，選擇了藍色，

上：Dar Jasmine 的景色美得令人陶醉。
下：在舍夫沙萬展開一場華麗冒險！

因為藍色象徵自由與天堂；還有一種說法是，藍色能夠驅蚊子。無論是哪一種原因，藍色已經讓這座小鎮充滿了魅力與故事。在舊城區的彎曲巷道中，我們繞來繞去，彷彿進行一場有趣的探險。

一路上，都是各種深淺不一的藍色調，巷弄裡彷彿延伸出夢幻藍的氛圍。斑駁的藍色門前躺著各式各樣的貓，而一條藍色的階梯道讓人有上下樓的層次感。這座靜謐的小山城，非常適合愛拍照的遊客慢慢走，漫遊其中。

天還沒亮時，整個城區彌漫著詭異的可蘭經（古蘭經）誦經聲，起初聽起來有些恐怖，但漸漸地，這種獨特的「早晨叫醒服務」成為了一種習慣，每天早上五點鐘，自然會被它叫醒。

這次在舍夫沙萬的團體服裝是白色的，後來大家把藍色小鎮的團體照分享在臉書上，得到了許多朋友的讚美與點讚，大家都覺得這個主意很好，說下次也要模仿。

穿梭在藍色的小巷內，彷彿進入了另一個時空。

古城之祕

連綿的青山百里長呀
巍巍聳起像屏障呀喂
青青的山嶺穿雲霄呀
白雲片片天蒼蒼呀喂

——張惠妹〈站在高崗上〉

每個人對旅行的期待不同，有些人喜歡大山大海的自然景觀，有些人酷愛歷史古蹟。摩洛哥的行程則兼具這兩者，既有荒漠的視覺震撼，也能夠讓人汲取豐富的古文明，無形中為旅行增添深度和養分。摩洛哥擁有九處世界文化遺產，走一趟古城巡禮，是不可錯過的精彩路線。

梅克內斯在柏柏語中的意思是「人居之地」，周圍的肥沃谷地出產的橄欖，品質在全國名列前茅。因此，在摩洛哥的每一餐，橄欖是必不可少的美味，無論是醃製的還是新鮮的，都格外美味。梅克內斯的富饒，讓一六七二年阿拉維王朝的伊斯梅爾國王在此大興土木，建設這座城市。伊斯梅爾是一位非常強勢的國君，勇猛善戰，並建立了一支由十五萬黑奴組成的黑色禁衛軍，黑色因此成為梅克內斯的代表色，這座城市也被稱為「黑色皇城」。可惜，一七二七年伊斯梅爾去世後，王位爭奪戰使建設停滯，留下了未完成的「摩洛哥的凡爾賽宮」，後來又遭遇地震毀壞，現在只能看到倖存的城牆和王宮遺址。

遠遠望見沃呂比利斯的古城，孤立在山頂，這片遺址不僅是摩洛哥最重要的羅馬遺跡，也是北非保存最完好的羅馬城市遺址之一。我們聽著導覽的講解，在斷垣殘壁中探尋羅馬帝國的榮耀。沃呂比利斯的歷史可以追溯到公元三世紀，最初是柏柏爾人建立的定居點，在羅馬帝國的統治下達到鼎盛。羅馬時期的街道、廣場、神殿、食堂、住宅、公共浴池、噴泉等設施規劃相當完善，展示了當時繁榮的文化與文明。即使經歷了幾世紀的變遷，這些遺跡仍能讓人感受到羅馬建築藝術的輝煌。主神殿坐落在高臺上，幾根殘存的高大石柱和其精美的雕刻、長形拱門廊柱以及凱旋門，成為了觀光客拍照的絕佳背景。穿著鮮豔裙裝的遊客與這些歷史遺跡搭配，無疑增添了無限的浪漫氛圍。現場還有專業攝影師，會在拍照後將您的美麗身影製成照片販售。

古城菲斯是這次旅行的重點之一。它

沃呂比利斯古城的遺跡，可以從殘留的石頭建物感受當年的輝煌。

是摩洛哥四大皇城之一，被稱為「藍色皇城」，是最古老的城市，也是首個伊斯蘭城市，曾是非洲與歐洲駱駝商隊的必經之路。有人說菲斯的歷史等同於摩洛哥的歷史，可見其重要性。菲斯的舊城區被譽為世界上最大的迷宮，擁有超過二十公里長的城牆。想起中國西安的古城牆，長度只有十三．二公里，菲斯的老城區無疑是一個時光隧道，彷彿能讓人穿越回古老的時代。這裡有七千多幢傳統民宅，九千多條蜿蜒曲折的巷弄，這些街道巷弄充滿了伊斯蘭文化的氣息。菲斯的老城區也是世界上最大的無車徒步區，街上除了驢子和手推車，沒有其他的交通工具。行走在其中，時不時聽到「讓開！」的聲音，彷彿回到了沙漠中的古老時光。摩洛哥的智慧，也體現在他們設計的引水系統上，這種錯綜複雜的設計至今依然在這座城市的公共噴泉和浴場中展現。

充滿歷史智慧的菲斯古城。

在菲斯的老城區，我們來到卡魯因大學清真寺。白色的宣禮塔是古城辨認方向的標誌。這座清真寺內的圖書館藏書豐富，擁有數十萬冊書籍，其中還包括八百冊古代手抄本，是伊斯蘭教的文化資產之一。據說這座清真寺的建設始於公元八五九年，由一位來自突尼西亞的富婦人法蒂瑪資助。寺內的禮拜大廳由一百七十九根廊柱支撐，氣勢恢宏。最初這只是一座小小的清真寺，經過多代的擴建，發展成為世界上最古老的大學之一，比英國的牛津大學還早了三百九十年。

你永遠無法從一戶人家的門或外觀判斷他們是否是富裕人家。每條巷子、每戶門面看上去都是破舊斑駁的，深藏在灰暗的小巷裡，一旦跨過大門，卻是蜿蜒曲折的走廊，接著便是別有洞天的花園。花園中央有用馬賽克打造的噴泉，四周圍繞著各種雕刻精美的花卉和果樹，室內裝潢奢華，令人驚嘆，這讓我們體會到伊斯蘭文化中的低調奢華。摩洛哥的建築藝術受到了阿拉伯和安達魯西亞的影響，牆上雕刻著精細的花卉、數字、文字和幾何圖案，因為伊斯蘭教禁止偶像崇拜，所以不會出現具象的生物圖像。近年來，為了推廣觀光，許多曾是王公貴族的宮殿和豪宅被改造為豪華旅館。比如，像中國的四合院一樣的「Riad」（里亞德），擁有花園庭院和噴水池。我們在菲斯住的 Palais Amani 就是一間 Riad；而「Dar」則是大房子的意思，通常只有一個簡單的噴泉。我們在舍夫沙萬住的 Dar Jasmine 就是屬於 Dar。實在非常滿意我們在這幾間旅店的住宿體驗，讓我們猶如貴族般沉醉於豪門的生活。

住在 Palais Amani 就像貴族一般自在愜意。

穿越沙漠的浪漫與現實

不要問我從哪裡來　我的故鄉在遠方
為什麼流浪　流浪遠方　流浪

——齊豫〈橄欖樹〉

在年輕的時候，讀過三毛的撒哈拉浪漫愛情故事，那時的少女心情總是懷抱著一點憧憬，覺得撒哈拉沙漠是一個遙不可及的夢想之地。當遊覽車開向梅爾祖卡沙漠區，眼前只剩下一條孤獨的筆直公路，外面的景色也從椰林綠洲逐漸過渡到無邊無際的沙漠，我不禁開始心跳加速，覺得撒哈拉就在眼前。

這時，領隊小布希以戲劇性的方式回顧三毛的故事，感性又帶著一絲哽咽，娓娓道來三毛的生平與詩詞，還播放她的創作歌曲，氣氛既懷舊又感傷。而更神奇的是，三毛生前最後的主治醫師竟然也在我們的車上，那位既敬業又幽默的趙院長，繼續為我們補充三毛的生平，彷彿將我們與三毛的情緣再度拉近。就在大家沉浸在三毛的文學世界中，車隊忽然一陣騷動，原來我們已經抵達沙漠城堡飯店，這一趟旅程的高潮即將登場。大家匆忙換裝，趁著夕陽未下山，準備騎駱駝迎接沙漠的美麗落日。

梅爾祖卡是摩洛哥沙漠中的明珠，

滾滾黃沙中的一抹翠綠。

許多遊客都會從這裡體驗沙漠之美。飯店會安排騎駱駝的行程，觀賞日出或日落。黃昏時分的陽光並不刺眼，風沙輕輕拂過，沙粒偶爾會輕輕刺入肌膚，略帶癢感。我曾在蒙古和埃及騎過駱駝，對駱駝並不陌生，也沒有恐懼，於是便能徹底享受在沙漠中騎行的律動感，眼前是無邊無際的沙丘，壯麗又瑰麗。

駱駝隊停下來時，我們趁著日落拍照留影。大家拚命拍攝，因為這是每個人來到沙漠的珍貴瞬間。照相的過程中，隊伍漸漸走得更慢，大家玩得不亦樂乎。突然，一個駱駝僮把我拉向前，他在沙地上健步如飛，而我卻像與軟沙拔河一樣艱難前進，甚至得在幾乎垂直的沙丘上像狗爬式一樣攀爬，汗水如注。為了防風沙，我包裹了頭巾，但密不透氣，呼吸也因為突如其來的拉扯而變得急促，心跳加速。靠著意志力和一股不服輸的勁頭，我終於爬上了數層樓高的沙丘，迎接那美麗的落日。從沙丘的高處望去，無數的沙丘起伏彎曲，夕陽的餘暉將整片沙漠染成金紅色，景色如詩如畫，美得令人驚嘆。

左：可愛呆萌的駱駝，對著鏡頭打聲招呼吧！
右：團員們騎在駱駝上，背後是一整片藍黃相接的美麗景色。

接著，我們從沙丘頂端滑下，雖然事先沒準備滑沙板，但駱駝僮拉住我的腳，讓我像滑滑梯般快速下滑，一下子便到了沙丘底部。趁著天色未完全暗下來，我們再度騎上駱駝，同行的團員夏玟成雷適時播放著音樂，我們一邊哼唱著歌，一邊回程。駱駝的身影拉得長長的，沙丘間的光線波動，就像一段奇幻的旅程。

感謝宋領隊精心安排，讓我們能在沙漠多待一天，並有機會認識蔡適任博士這位臺灣奇女子。她嫁給了貝都因人，並在梅爾祖卡經營專門的沙漠深度導覽，帶我們四輪驅動進入沙漠，探尋史前岩刻、古墓及數億年前的海洋化石。只要在化石層上澆些水，化石圖案便清晰浮現。蔡博士與她的丈夫貝桑為我們詳細解說這些驚人的發現，讓我們相信曾經是海洋的撒哈拉沙漠，現在竟然能隨處拾起海洋化石。當四輪驅動車馳騁在茫茫沙漠中，蔡博士告訴我們，柏柏人和貝都因人天生擁有沙漠民族的方向感，就像內建衛星定位系統一樣，永遠不會迷路，這樣的能力令人驚嘆。

雖然撒哈拉的美景瑰麗無比，但蔡博士告訴我們，生活在沙漠中並非外界想像的那麼浪漫。她已經在沙漠生活了九年，並說過孤單的人才能在這片沙漠中靜下來，傷心的人則能在這裡找到力量。當我問她是否曾在這片沙漠中感到孤獨，她淡淡一笑，無言勝千言。

給計劃未來要到沙漠中旅遊的讀者們一些小提醒：在沙漠拍照建議穿著顏色鮮豔的衣服和頭巾，也可以購買當地的「傑拉巴（吉拉巴）」，或柏柏人使用的大頭巾「利珊」，這樣更能與沙漠背景融為一體，留下美麗的倩影。

而騎駱駝時，最好在開始前就先給小費、並交代好拍照相關事宜，因為大部分時間大家都在駱駝上，拍照通常只能依賴駱駝僮的幫助；結果，我的每張照片都被駱駝的頭部遮住，駱駝上的英姿被拍得總是手腳亂切，真是一場慘劇啊！

我與駱駝的合照，真是令人哭笑不得！

向鏡頭揮揮手！

黃昏與夜市

這世界有那麼多人　多幸運我有個我們
這悠長命運中的晨昏　常讓我望遠方出神
笑聲中浮過幾張舊模樣　留在夢田裡永遠不散場
暖光中醒來好多話要講
世界那麼多人可是它不聲不響

——莫文蔚〈這世界那麼多人〉

馬拉喀什，摩洛哥的第二大城市，總是充滿著人潮與熱鬧。而我印象最深刻的，莫過於市中心的德吉瑪廣場，那裡的人群讓我不禁感嘆：「這世界怎麼那麼多人？」

德吉瑪廣場的阿拉伯文原意是「展示頭顱之處」，

曾經是處決死囚的場所，後來轉變為貨物交易市場，如今則是摩洛哥的地標之一。二〇〇一年，它被列為聯合國教科文組織的非物質文化遺產，也被譽為全球最大、最有趣的夜市，是遊客必訪的景點。

黃昏時分，我們隨著小布希領隊穿過擁擠的市集，我幾乎是小跑步跟上隊伍。要是迷失在人群中，那將是非常麻煩的事。終於，我們擠進了廣場邊的一家咖啡館頂樓。這裡每一層樓都擠滿了來欣賞日落、享受熱鬧市集的遊客。當太陽慢慢下山，空氣中逐漸鋪上層層朱紅色，灑在古老的馬拉喀什城與城牆上。遠方的山脈也被金黃色的光芒包圍，彷彿整座紅色皇城都在向我們打招呼。

夜幕降臨，廣場夜市熱鬧非凡。人群擁擠，空氣中瀰漫著各種熱鍋的香味，羊頭、羊肉內臟等美食的香氣隨風而來。於是我們四人點了一盤蝸牛藥膳湯，算是來到這裡的一種體驗，雖然其他人都沒勇氣嘗試。旁邊區域像個露天劇場，弄蛇人、耍猴子、算命卜卦、說書人、雜耍藝人等，熱鬧的表演吸引著觀眾的目光，這是一個傳統與現代交織、音樂與吵雜聲混合的奇妙世界。

德吉瑪廣場旁的庫圖比亞清真寺同樣是馬拉喀什的名勝。這座清真寺以七十七公尺高的宣禮塔聞名，塔身由紅色砂岩築成，是城市的最高點，也是辨識方向的標誌。

我們隨後前往了達奄蓮咖啡館，它位於同名的宮殿內，曾是摩洛哥著名政治人物「巴夏」（意指地方行政首長）的豪華住所。這裡的建築風格獨特，裝潢奢華且富有藝術感，每個細節都精雕細琢。感謝當地地陪的幫忙，我們順利繞過百人排隊，進入一個優雅的包廂，品嚐香濃的咖啡，並體驗摩洛哥傳統與現代奢華的完美結合。

達奄蓮咖啡館的菜單也充滿當地特色，設計精美。

裝潢華麗的達色蓮咖啡館。

另一次讓人印象深刻的景點是YSL博物館與馬若雷勒花園。馬若雷勒花園由法國畫家雅克・馬若雷勒所打造，所有牆面都漆上了一種獨特的藍色，後來這種顏色被命名為「馬若雷勒藍」。花園內種滿了各種罕見植物，彷彿是畫家的筆下世界，也被譽為二十世紀最美的花園。一九八〇年，伊夫・聖羅蘭與伴侶皮埃爾・貝爾傑購入並重修花園。今年正好是花園建成一百週年（1924-2024），也因此更加引人注目。

「馬若雷勒藍」鮮豔奪目。

花園占地兩公頃，擁有標誌性的藍色建築和多樣的植物種類。這裡的竹林小徑、睡蓮池、涼亭等呈現出東方婉約的情調，而高大的棕櫚樹、仙人掌和各種奇花異果則展現著熱帶雨林的奇妙。漫步其中，空氣中充滿著自然的香氣和大自然的氣息，任何一個轉角都能拍出絕佳的網美照。花園內的博物館展示了YSL各時期的時裝設計，讓人得以深入了解這位偉大設計師的創作過程與時尚哲學。

馬若雷勒花園綠意盎然。

愛在卡薩布蘭加

Oh! A kiss is still a kiss in Casablanca.
But a kiss is not a kiss with your sigh.
Please come back to me in Casablanca.
I love you more and more each day as times goes by.
—— Bertie Higgins,"Casablanca"

噢　卡薩布蘭加的親吻依然
但沒有你的嘆息　那親吻已經不是親吻
請回到我們一起在卡薩布蘭加的情景
隨著時間的流逝　我一天比一天更愛你
——柏帝・希金斯〈卡薩布蘭加〉

提到摩洛哥，大家腦海中一定會響起《北非諜影》的主題曲〈卡薩布蘭加〉，而「卡薩布蘭加」似乎成了摩洛哥的代名詞。電影的轟動吸引了無數影迷與旅客，卡薩布蘭加也因此成為了熱點旅遊城市。雖然電影中瑞克和伊麗莎重逢的咖啡店場景並非真實在卡薩布蘭加拍攝，但為了不讓影迷失望，二〇一四年，當地在舊城旁複刻了一家Rick's Café，完全依據電影中的布景重建，成為了如今卡薩布蘭加的旅遊打卡熱點。今年正巧是Rick's Café開幕二十週年，我們也趕上了這個特別的日子，安排了一頓豐盛的午餐，感受那份來自電影中的懷舊氛圍。

卡薩布蘭加，西班牙語意為「白色房子」，是摩洛哥的最大城市，也是美麗的港口城市。這裡的氣候宜人，擁有法國殖民時期的歐洲建築與法式風格，還有伊斯蘭的傳統建築和風土人情，兩者互相呼應。市區中，一排排白色的房屋高低錯落，形成雅致迷人的景觀，展示了現代與傳統的完美融合。我們下榻的四季酒店就位於濱海位置，漫步在狹長

在 Rick's Café 享用美味餐點。

的海灘上，無論是賞夕陽還是看日出，都讓人有種置身於歐洲城市的感覺。

卡薩布蘭加的地標之一為哈桑二世清真寺，這座清真寺號稱是世界第二大，且是唯一建在海上的清真寺。據說這是為了呼應可蘭經中「阿拉的冠冕在水上」的經文。哈桑二世清真寺的設計出自法國著名建築師米歇爾·平索之手，建造過程耗資六億美金，動用了兩千五百名建築工人及一萬名工匠，歷時六年才完成。這座建築將傳統與現代、藝術與科技完美融合，富麗堂皇又不失精緻典雅。兩百公尺高的宣禮塔打破了宗教建築的高度紀錄，聳立在大西洋的海岸邊，彷彿是為海上船隻指引方向的燈塔。

哈桑二世清真寺也是摩洛哥唯一對外開放的清真寺，參觀者必須脫鞋進入。寺內的裝潢氣派華麗，馬賽克拼花鑲嵌藝術令人讚嘆，長廊壁板則用杉木雕刻裝飾。璀璨的水晶燈自天花板垂掛下來，而地面大理石還安裝了地暖，讓冬天的信徒在禮拜時不會感到寒冷。從四面的精美玻璃門望出去，可以看到浩瀚的大西洋。我站在大廳裡，閉上眼睛，不禁輕聲讚嘆：「偉大的阿拉」。清真寺的祈禱大廳可容納兩萬五千名信徒，同時，外圍的廣場還能容納八萬人禮拜，總共可容納十萬五千人共同禮拜。可以想像，這種壯觀莊嚴的場面是如何震撼人心的。我們參觀的時候正好是週五早上，遊客和信徒不多，所以我們有足夠的空間在寬闊的廣場上拍照，感受這份莊重與神聖。

而這段旅程中最難忘的體驗是，在清真寺的地下層，有四十一個供信徒洗淨手臉的蓮花噴泉，還有兩座精緻的傳統公共大浴場，聽說可容納上千名男女信徒使用。午餐後，我們四位女性與兩位男性朋友決定體驗一下傳統的土耳其浴。

哈桑二世清真寺的內部裝潢十分典雅、有氣質。

哈桑二世的門扇上繪有精美花紋。

哈桑二世清真寺有著高聳的宣禮塔。

美輪美奐的裝潢，令人驚嘆。

蒸氣區非常寬敞，人不多，幾乎像是包場一樣。儘管蒸汽不夠熱，這次異國情調的經歷還是讓人印象深刻。摩洛哥的大嬸們語言不通，但她們熱情地用手勢和動作指導我們，幫忙刷洗全身，雖然感覺有些奇妙，但整體來說，這次的去角質、淋浴、洗頭和按摩，成功地消除了旅途中的疲憊。

生命 不留遺憾！

大文豪馬奎斯：「人生並不是一個人的經歷，而是一個人如何回憶。」旅行就是可以不斷創造未來的回憶。回望旅行數十載，不可逆的年紀漸長，體能不若以往，這趟摩洛哥之旅或許路途遙遠而過程有一點艱辛，但終圓一夢，再增添一筆人生精彩紀錄與記憶。

下趟旅行去哪裡？沒有任何計畫？哪天好朋友宋領導號召下，隨時整裝待發！

Jessica 詹的夢想清單

一場夢幻與文化交織的旅程

夏玟成雷

「世界這麼大，人的一生能看過多少風景？」

有一天突然自問，之後，旅行變得順理成章，更樂在其中。

學的是財經，喜歡看歷史類書籍，熱愛美食、喜歡料理準備過程與宴飲的儀式感。

那一天，嚐了一片有橡果子香氣的伊比利火腿，不禁回憶起西班牙巴塞隆納逛菜市場買火腿，然後散步到港口邊，端詳哥倫布紀念碑，想像他從美洲航行回來，掀起大航海時代的歷史狂潮……

有美食香氣的旅行，悠然生思古之情，真美妙！你說是不是？

雕刻著伊斯蘭幾何圖騰與花卉紋飾的石柱，
在迷幻的黃昏光影中，宛如一首未竟的詩，
低喃著摩洛哥過往的輝煌與壯志未酬。

戀戀不捨，摩洛哥的旅程即將結束。此刻，我已在卡薩布蘭加機場完成登機。

Out of Africa... 就要離開非洲了……

摩洛哥，算是非洲嗎？

鏡頭拉回出發前，在臺北與朋友聚餐時，聊到即將前往摩洛哥旅行。

朋友A：「可以去蒙地卡羅賭場試手氣喔！」

朋友B：「你應該順便去法國坎城走走。」

朋友C：「葛莉絲・凱莉王妃嫁過去的那個地方嗎？」

我：「欸，摩洛哥不在歐洲啦！」

朋友D：「記得租一臺蠻牛跑車飆一下……」

我：「確定只有駱駝可以騎，我是要去非洲！」

朋友們滿臉疑惑：「咦？摩洛哥，在非洲？」
我：「在歐洲的，是摩『納』哥！」
摩洛哥、摩納哥，傻傻分不清楚啊！

幾年前，我曾受邀參觀鄰近法國尼斯與坎城的富裕王國——摩「納」哥的遊艇展。這個總面積僅二・〇八平方公里（大約是臺北市大安區的五分之一）的小國，港邊停滿了數千萬歐元起跳的豪華遊艇，街道上則是隨處可見價值百萬歐元的跑車。有人曾戲稱：「這裡的人，窮得只剩下錢。」然而，不得不讚嘆，「摩納哥」這座依傍地中海的海港城邦，真的很美！

好啦，所有的誤解或許都源於這一點：在歐洲的摩納哥，與在非洲的摩洛哥，中文翻譯只差一個字。

初見
非洲大陸

相同的是，兩國的國境都有漫長的海岸線，緊貼著孕育歐洲文明的地中海。

不同的是，他們遙遙相對，卻見不到彼此。

這次旅行前，我已分辨得很清楚，我要去的是「非洲」的摩洛哥。

然而，當飛機從阿拉伯沙漠國度杜拜轉機，降落摩洛哥最大城市卡薩布蘭加，隨後沿著大西洋岸的高速公路駛向首都拉巴特時，我不禁也問了自己：「這裡，真的是非洲嗎？」

拉巴特位於摩洛哥西北方，是該國的政治與文化中心，被譽為「白色皇城」。

這座城市坐落在蔥鬱的綠野之中，最具代表性的地標——哈桑塔，自十二世紀興建至今仍未完工，高聳的棕櫚樹映襯著這座古塔，而遠處則是由二十一世紀最傳奇的女建築師札哈・哈蒂所設計、生前最後完成的大劇院。古今相望，交織出拉巴特的天際線，見證時間流轉。

來到市中心，必訪的景點之一是哈桑紀念塔，以及相鄰的穆罕默德五世陵墓。

哈桑塔始建於十二世紀末，當時的穆瓦希德王朝君主雅各布・曼蘇爾為了紀念卡迪西亞戰役中戰勝西班牙軍隊的輝煌勝利，計劃興建世界上最大的清真寺。然而，他於一一九九年去世，工程就此停滯，塔樓僅完成四十四公尺，高度不到原計劃的一半。至今，廣場上仍矗立著數百根未竟的石柱遺跡。

雕刻著伊斯蘭幾何圖騰與花卉紋飾的石柱，九百年來靜靜聳立，在迷幻的黃昏光影中，宛如一首未竟的詩，低喃著摩洛哥過往的輝煌與壯志未酬。

穆罕默德五世國王被譽為現代摩洛哥的國父，他於一九五六年率領摩洛哥擺脫法國殖民，取得獨立。他在一九六一年去世後，陵墓開始興建，歷時九年完工。

這座白色建築展現阿拉維王

拉巴特必訪景點——哈桑紀念塔。

朝的典雅風格，屋頂覆蓋著象徵皇室的綠色琉璃瓦，內部以白色大理石為主，精雕細琢的檀香木點綴其間。陵墓不僅是一座清真寺，也是摩洛哥歷史的象徵。穆罕默德五世長眠於中央，兩側分列著他的兒子哈桑二世與弟弟阿布杜拉親王。

陵墓內仰望屋頂以金箔檜木與黃銅雕琢的金碧輝煌。

穆罕默德五世的陵墓相當典雅潔白。

拉巴特城區的建築大多刷成下藍上白，熾熱的陽光映照下，白牆更顯潔淨明亮。街道旁的橘子樹結實纍纍，丘陵綿延的橄欖樹叢鋪展眼前，這幅景象，處處透著典型的歐洲地中海風情。

然而，當夜幕低垂，沿著布賴格賴格河漫步，遠眺燈光映照下的哈桑塔與皇城，那份金碧輝煌的壯麗，才真正提醒著我——

這裡，是摩洛哥。

這裡，是非洲。

大西洋岸邊的珍珠

離開拉巴特繼續向北，很快便來到大西洋岸邊的海濱小城——艾希拉。這座城市的歷史可追溯至公元前一千五百年，當時由史上最善於航海與經商的腓尼基人占據並建立。然而，隨著時代變遷、政權更迭，城市逐漸沒落。

時間來到一七四一年，大航海時代揚帆啟航！滿載著發財尋寶夢的葡萄牙探險船，從里斯本出發，在海上航行兩週後，必須停泊補給的第一站，正是這座大西洋沿岸、非洲大陸北端的艾希拉。

為了滿足探險船隻龐大的補給需求，葡萄牙人在艾希拉修建了大量堡壘型的防禦工事。然而，隨之而來的是猖獗的大西洋海盜，使得港邊城牆越築越長、越砌越高、越加堅固。時至今日，漫步於這座小城，仍能透過綿延的石牆、隱密的窗口與厚重的鐵柵，窺見當年的暗黑歷史，以及城民對安全的戒備與不安。

那些打不開的重重鐵窗下，僅留一個小洞，用來垂下籃子進行交易，錢貨交換，門卻始終不開，人們也不輕易下樓。

大西洋岸邊的珍珠艾希拉，建起了長長的石牆。

艾希拉的建築有著打不開的重重鐵窗，底下唯一露出的洞放線垂懸籃子，付錢、收貨都不開門不下樓。

艾希拉，一度是航海冒險家的驛站，卻在時光流轉中再次沒落……直到一九七八年，迎來命運的重大轉折！

當時的鎮長為了拯救這座衰敗的小城，大膽推出國際藝術節，廣邀全球藝術家，每年夏天在這些曾為防禦盜賊而築起的厚重石牆上，恣意揮灑創意。經過數十年的努力，無論是在蜿蜒的巷弄，還是沿著海濱的舊城牆，處處可見藝術家的自由創作。

廣受喜愛的繪畫、雕塑及裝置藝術作品將被保留一年，而其他牆面則會重新粉刷，迎接來年夏天新一批藝術家的創意呈現。在這股奔放的藝術氛圍加持下，如今的艾希拉已搖身一變，成為歐洲人鍾愛的海濱度假勝地，而來自摩洛哥卡薩布蘭加的富人，更是經常驅車前來享受週末假期。

城市的興衰變遷總是如此奇妙，從探險家到海盜，從貧窮藝術家到富人雲集的觀光勝地。北非的摩洛哥小城艾希拉，與我們想像中的「非洲」大相逕庭。在充滿「歐洲風情」的摩洛哥，唯有當行程來到撒哈拉沙漠時，才真正展現出她的「非洲」本色。而那片沙漠，正是上帝賜予非洲的綠寶石！

為了更深刻地「感受非洲」，我們決定入住沙漠帳篷。

艾希拉石牆上的藝術彩繪，讓整座城市再度迎來了生命力！

金色沙丘的浪漫情緣

來到摩洛哥東境的撒哈拉沙漠，這裡是摩洛哥最「非洲」的景色了！

飛越海洋，穿越千山萬水，終於踏上這片金黃沙海——你是為了追尋小說家三毛《撒哈拉的故事》裡的愛情憧憬而來嗎？三毛在未婚夫荷西意外離世後，寫下：「每想你一次，天上飄落一粒沙，從此形成了撒哈拉。」

這段傷情詩句宛如咒語。騎著駱駝行走在金色沙丘間，我腦海裡不禁響起齊豫的〈橄欖樹〉，而腳下起伏如浪的沙漠，在夕陽映照下閃耀著玫瑰金色的光芒，宛如一片思念交織的愛情海……

黃昏在沙漠騎駱駝，穿戴柏柏族頭巾長袍，夕陽金砂駱駝車隊，我們趕赴沙漠帳篷休憩一晚。

偽文青上身，這趟撒哈拉之旅無論再辛苦，回味起來仍無比浪漫。

沙漠中毫無遮蔽，陽光三百六十度毫不留情地照射，所以學習柏柏人穿上寬鬆長袍是明智的選擇。駱駝隊通常會等到黃昏，氣溫稍微下降後才出發。撒哈拉的沙細膩如粉，極易鑽入衣物與器材縫隙，因此務必要用頭巾遮面，戴上太陽眼鏡，並將手機或相機用保鮮膜或夾鏈袋包好，以免金黃細沙讓電子設備當機。

左：黃沙紛飛的沙漠。
右：沙漠夜裡狂風吹砂，眼睛睜不開，連燈影也迷離。

夜晚，狂風夾帶細沙呼嘯而過，帳篷幾乎被掀開。清晨醒來，發現床上、地上全是細沙，這才認清現實，原來沙漠的浪漫，完全不屬於我。

在蔡適任博士的帶領下，我們搭乘四輪傳動吉普車深入荒漠，親眼見證曾經水草豐美的新石器時代文明遺跡。繞著古墓一圈，散落一地的石塊上，隱約可見瞪羚、水牛、蟒蛇等草原動物的刻畫，彷彿在訴說數千年前這片土地的繁榮景象。

更令人驚奇的是，博士帶我們前往沙漠深處尋找化石。車子駛入一片堅硬岩盤，方圓數十里布滿粗細不一的礫石與石片。我隨手拾起一塊，竟能用肉眼清楚辨識出菊石與形似三葉蟲的化石！這些億萬年前生存在海洋中的無脊椎動物，如今靜靜躺在乾旱的撒哈拉大地！它們是如何從海底被抬升到這片荒漠的？

有趣的是，近代學者甚至將撒哈拉沙漠的「撒哈拉之眼」與柏拉圖筆下的「亞特蘭提斯」聯繫在一起。從衛星空照圖來看，那片奇特的地貌確實與傳說中的沉沒之城有幾分相似。

左：這隻瞪羚壁畫印證沙哈拉沙漠，數千年前這個曾是一片水草豐美的大草原。
中：瞪羚頭頂有一隻長長的角。
右：在沙漠裡到處可以看到菊石鸚鵡螺的化石碎片。

迷失於菲斯古城

沙漠二十四小時的變化極大，卻也容易讓人陷入天馬行空的想像。畢竟，在這片荒涼的黃沙之中，一片碎石、一條古道、一彎新月，都能讓思緒馳騁千年。

如果沒來過菲斯，你永遠無法真正體會「羊腸小徑」這句話的意義。在這座古城裡，「迷路」與「迷人」總是並存。

菲斯古城面積約二・五平方公里，縱橫交錯著九千多條寬窄不一的巷弄。巷子裡，市場熱鬧非凡，活禽攤當場宰殺，肉販掛羊頭賣駱駝肉；五金雜貨、服裝飾品、布料染坊、皮革工坊、宣禮塔、神學院、民宿與餐廳，應有盡有。行人、驢子、騾車、推銷商品的小販擠成一團，加上驢騾都很「盧」，還會邊走邊「解放」，羊腸小徑的氣味與景象，真是難以言喻！

錯綜複雜的巷道發展毫無邏輯，宛如一座巨大的迷宮，難怪菲斯被譽為「世界上最容易迷路的地方」。但「迷人」之處，往往就藏在這迷失的旅程中。

菲斯的歷史可追溯至西元七八九年，由伊德里斯王朝建立，成為摩洛哥史上第一個統一王朝的核心。十三世紀，馬林蘇丹國（馬林王朝）在古城旁興建菲斯新城，並大量使用青晶石與鈷藍色馬賽克磁磚裝飾，使得菲斯擁有「藍色皇城」的美譽。雖說是菲斯「新」城，然而距今也已有八百多年的歷史。如今，這裡仍是全球保存最完整、規模最大的中世紀阿拉伯城市。

帝國走過繁華，如今風韻猶存。菲斯古城最狹窄的巷道，只得容許一個人走過，

菲斯新城入口的清真風格拱門鑲滿青晶石。

羊腸小徑多達九千多條。

夾擠在兩旁高聳的外牆，無法想像牆內的風景。行走在狹窄巷弄間，我們試圖尋找一家午餐餐廳，卻在迷路時推開一扇窄門，意外發現精雕細琢的噴泉花園中庭，金碧輝煌的豪宅風情讓人屏息。這才意識到我們闖進了錯的地方，只得離開。

繼續摸索，不久後又推開另一扇相似的小門，這次竟然是更為華麗的「芝麻開門」驚喜。

菲斯古城讓我想起了童話故事《阿里巴巴與四十大盜》。故事中，盜賊首領在阿里巴巴家門上做記號，企圖回來尋仇，卻被機靈的女僕識破，將每扇門都做上相同標記，成功誤導了盜賊——這座古城裡，所有門看起來都一樣，而每一扇門後，或許都藏著意想不到的驚喜，我們就彷彿置身於故事中的場景呢！

第一次推門走錯的餐廳中庭。

菲斯的魅力不僅在於目光所及，更在於嗅覺的衝擊。

在古城內，有一處獨特的染坊，數百年來依舊保持著最原始的染整技藝。工匠們在一口口染池中手工處理皮革，染坊裡繚繞著濃烈的氣味，讓人難以忘懷。

這座城市，無論是狹窄小巷的迷宮、藍色磁磚的宮殿，還是空氣中瀰漫的獨特氣息，都構成了菲斯無與倫比的魅力。這裡的故事，

左：提供法式輕食料理的餐廳，如果沒有人帶路一定錯過。
右：菲斯很多民宿，從屋頂往下看，中庭綠樹成蔭。

真的難以一言蔽之，一眼看不完，更需要用「聞」的，去感受它的獨特韻味。

摩洛哥的染坊自十六世紀開始蓬勃發展，至今卻僅存三座露天皮革鞣染場。

菲斯的染坊始終堅持全手工的傳統技法，是全球唯一仍保留人手染皮工藝的地方，因此吸引許多奢侈品牌前來合作生產。貴婦們捧著現金搶購的愛馬仕，更是在菲斯設立專屬的皮革染坊，足見這門古老技藝的珍貴與不凡。

菲斯的染色技術極為特殊。從空中俯瞰，露天染坊宛如巨人的調色盤，五顏六色的染缸錯落有致，染料則取自天然植物，如藏紅花、薄荷、罌粟花和石榴皮，或鈷石這樣的天然礦物。這些天然色素不僅能賦予皮革飽滿且持久的色澤，還能避免化學染劑的缺點。

菲斯染坊的右上角掛滿初階鞣製的皮革，等著進入圓圈圈的各色染缸，氣味很嚇人。

然而，在染色之前，皮革鞣製的過程所散發的氣味，卻令人「印象深刻」——甚至可以說是極度駭人！

來自摩洛哥各地的動物「生皮」，由工人負重馱運進入古城的工坊。第一道工序是將生皮浸泡在混合石灰、動物尿液和鹽的溶液槽中，靜置兩到三天，以去除蛋白質與脂肪雜質。接著，工人將皮革清洗、晾乾，然後再放入含有鴿糞的特殊溶液中反覆沖刷，並以徒手揉捏數小時，使皮革變得柔軟且富有彈性。

夏季的摩洛哥，氣溫動輒超過攝氏四十度。當生皮浸泡在發酵的馬尿與鴿糞混合液中，阿摩尼亞味隨著熱氣四散，染坊周圍彌漫著令人窒息的臭味。因此，菲斯的皮革商家在開放頂樓觀景臺供遊客俯瞰染坊時，總會貼心遞上一把新鮮薄荷，讓人掩住鼻子以減輕不適。

我們難以想像，這些工人每日都要將雙腳泡在染缸裡，在強烈刺鼻的環境中，赤手揉搓動物生皮。據說，這份辛苦的鞣染工作時薪可達八十美元（約新臺幣兩千五百元），在當地算是相當高薪。然而，數百年過去，這些技藝精湛的勞動者，依舊以健康作為代價，換取生計。

珍貴的黑色皇城

離開菲斯向西南行駛，來到梅克內斯。

這座位於摩洛哥中北部平原的城市，被後世稱為「黑色皇城」，是一六七二年蘇丹伊斯梅爾召集黑色禁衛軍，以鐵腕與鮮血打造的阿拉維王朝首都。他動員三萬名勞工、兩千五百名「基督徒」奴隸，歷時四十多年，建立了這座宏偉的皇城。三百年後，梅克內斯於一九九六年被聯合國列為世界文化遺產。

當年高聳壯觀的皇家馬廄與綿延不絕的城牆，如今只剩斷垣殘壁與巨大石拱，靜靜矗立，訴說著昔日榮光。

十七世紀，蘇丹伊斯梅爾發動奇襲奪權，引入來自撒哈拉以南的黑色非洲傭兵，組建了一支近二十萬人的「黑衛」。他殘暴地屠殺皇家貴族七千餘人，並將這些貴族的首級懸掛在菲斯城牆上，以震懾天下，迅速結束摩洛哥長達五個世紀的內戰。一統天下後，他遷都梅克內斯，在位五十五年，活到八十餘歲，以極權統治國家，率領所向無敵的黑衛軍擊退鄂圖曼帝國的入侵，並奪回被西班牙與英國占領的城市，使摩洛哥進入空前的經濟盛世。

與當時法王路易十四私交甚篤的伊斯梅爾，將凡爾賽宮視為藍本，親自設計皇宮、馬廄、糧倉與蓄水池，並下令拆卸羅馬人於西元四十五年在附近興建的沃呂比利斯羅馬古城，將拆下的石材移作為皇城宮殿的建築基石。然而，這座迅速崛起的軍事強權，隨著強人逝去，帝國頓時瓦解，子孫自相殘殺，盛世不再。最終，梅克內斯僅存聯合國認證的世界文化遺產，供後人憑弔。

離開梅克內斯後，我們驅車前往擁有兩千年歷史的沃呂比利斯羅馬古城。這座曾在一六七二年遭伊斯梅爾下令拆卸的古城，又於一七五五年葡萄牙里斯本大地震中受波及，幾乎被摧毀。如今，與梅克內斯相比，沃呂比利斯僅存滿布蔓草的斷垣殘跡，考古學家依據街道格局推測，這裡可能曾是商店街、妓院、娛樂場所，或神廟與宮殿。一九七七年，沃呂比利斯也被列入聯合國文化遺產名錄，成為歷史長河中另一座沉默的見證者。

沃呂比利斯的神殿，只剩一排拱柱。

吃得像貴族

來到摩洛哥，無需翻閱米其林地圖尋找美食，也能吃得像貴族。

為什麼摩洛哥的美食如此豐富精彩？讓我們回顧這趟旅程，尋找答案吧！

我的摩洛哥之旅沿著大西洋岸出發，翻越里夫山脈，抵達地中海山城舍夫沙萬。接著，驅車前往千年古城菲斯、美克內斯與沃呂比利斯，再越過海拔一千六百五十公尺、位於摩洛哥中部的阿特拉斯山脈，途中經過風景如畫的伊芙蘭。這座夏季涼爽宜人、冬季白雪覆蓋的城市，被譽為「摩洛哥小瑞士」，彷彿置身歐洲。然而，僅僅幾個小時車程後，我們便進入梅爾祖卡沙漠區，感受天壤之別的溫度與溼度，卻依然是摩洛哥的土地。

繼續向西行，來到「沙漠之門」——瓦爾扎扎特，這座迷人的古城因摩洛哥國王向全球電影界拋出英雄帖，而發展成「摩洛哥好萊塢」。鄰近的阿伊特本哈杜村更因《冰與火之歌：權力遊戲》、《神鬼傳奇》、《神鬼戰士》、《阿拉伯的勞倫斯》等全球知名電影取景而聲名大噪。觀光客搭車而來，世界名流則乘坐私人飛機直飛瓦爾札札特，再轉往摩洛哥第二大城馬拉喀什，沉浸於這片土地的美食與文化。

這條擁有無數古蹟的「千堡之路」，見證了阿拉伯人、柏柏人、法國人與西班牙人在此留下的歷史風華。

色香味俱全的庫斯庫斯精緻料理。

不同種族、地域、宗教與文化的交融碰撞，使摩洛哥的飲食文化遠不止塔吉鍋與烤肉串，而是豐富而多元的美食盛宴。

庫斯庫斯是北非的國民美食，其實是由粗麥製成像米一樣形狀的北非小米飯，沙漠民族的主食常常跟肉、蔬菜或是海鮮一起享用，我們造訪的拉巴特米其林餐廳，將庫斯庫斯小米做得像精緻的珠寶，可說是色香味俱全。

由陶土燒製的塔吉鍋，在摩洛哥常常用來燉煮料理，而觀光景點街上賣的可愛塔吉鍋，雖然不能拿來烹煮食物，卻是最值得入手的伴手禮，當地餐

左：迷你塔吉鍋一定要帶幾個回家收藏！
右：飯後來一份巴司蒂亞餡派，可謂畫龍點睛！

廳也會用這些顏色漂亮的迷你塔吉鍋放甜點、堅果或奶油，甚至可以放在化妝臺上，裡面收藏一些小飾品。

巴司蒂亞餡派是摩洛哥最經典的點心。傳統是鴿子肉為主，現代多用雞肉或海鮮碎肉，鹹鹹甜甜完美結合，外皮烤到金黃焦脆，再撒上杏仁碎、肉桂粉、細磨糖粉，作為飯後收尾的甜點，讓人很是驚豔。

推薦大家來摩洛哥大快朵頤一番，享受如貴族一般的美食饗宴！

如夢般的旅程

坐在摩洛哥商業重鎮卡薩布蘭加的國際機場，想著我的「非洲」之行，既真實又魔幻，有著滿心歡喜的幸福感。

種因於老電影《北非諜影》主題曲〈卡薩布蘭加〉的旋律，隨著少女時代憧憬三毛的撒哈拉沙漠情緣，摩洛哥是屬於我自己青春年華裡，浪漫到不可收拾的夢田。

多年前其實曾有一趟出訪摩洛哥古城「馬拉喀什」的行程，無奈出發前臨時取消。從此，這個傳說中跟《阿里巴巴與四十大盜》有關聯的馬拉喀什古城，當太陽西下，魔幻絢麗的黃昏，充滿氣味擁擠雜亂的市集景象，也一起進入我的夢鄉……

卡薩布蘭加因為電影主題曲而成為摩洛哥最富盛名的城市，奇妙的是，電影劇組並不曾來到卡薩布蘭加拍攝。

觀光客絡繹不絕朝聖的 Rick's Cafe，更是「無中生有」。當年二次大戰爆發，《北非諜影》電影在時代動蕩的不安中，橫掃奧斯卡一九四四年電影各獎項而全球爆紅。一位退休的美國駐摩洛哥外交領事嗅到商機，以電影場景為本，復刻了這間獨一無二的 Rick's Cafe，半世紀過了，此咖啡廳已是卡薩布蘭加觀光客的必訪景點。

左：長長的駱駝隊伍。
右：在臺灣，可是很難拍出與沙子共舞的照片呢！

離開卡薩布蘭加了。飛機上鳥瞰一彎深藍的大西洋海岸，往北飛行的遠方，濃綠的地中海橄欖樹蜿蜒在起伏的白色山城。這一片歐洲文化與阿拉伯文化千年激盪的美麗風情，有著多少真實與虛幻故事的交織……

人生如夢，假若真時，真亦假！管他孰真孰假呢？摩洛哥贈予了我浪漫自得的幸福美夢。

夏玟成雷的夢想清單

名詞對照表

譯名	外文
〈似水流年〉	As Time Goes By, 1931
《北非諜影》	*Casablanca*, 1942
《冰與火之歌：權力遊戲》	*Game of Thrones*, 2011-2019
《不可能的任務：失控國度》	*Mission: Impossible - Rogue Nation*, 2015
《神鬼戰士》	*Gladiator*, 2000
《神鬼傳奇》	*The Mummy*, 1999
《在摩洛哥》	*Morocco*, 1889
《阿拉伯的勞倫斯》	*Lawrence of Arabia*, 1962
《阿里巴巴與四十大盜》	*Ali Baba and the Forty Thieves*
《埃及豔后》	*Cleopatra*, 1963
ㄅ	
巴勒斯坦	Palestine
巴西	Brazil
巴西利亞	Brasília
巴西亞宮殿	Bahia Palace
巴夏	Bacha
巴司蒂亞餡派	Pastilla
巴塞隆納	Barcelona
柏柏人（柏柏爾人）	Berbers
柏帝・希金斯	Elbert Joseph “Bertie” Higgins, 1944-
柏拉圖	Plato, 428/427 or 424/423 BC-348 BC
百內國家公園	Torres del Paine National Park
貝都因人	Bedouin
貝爾貝勒宮	Berbère Palace
保羅・麥卡尼	Sir James Paul McCartney, 1942-
冰島	Iceland
不丹	Bhutan
布達拉宮	Potala Palace
布賴格賴格河	Bou Regreg River
布日盧藍門	Bab Boujloud

譯名	外文
ㄆ	
帕夏	Pasha
波札那	Botswana
波斯灣（阿拉伯灣）	Persian Gulf
佩薩克雷奧良	Pessac-Leognan
旁塔阿雷納斯	Punta Arenas
皮埃爾・貝爾傑	Pierre Bergé, 1930-2017
皮耶・羅逖	Pierre Loti, 1850-1923
葡萄牙	Portugal
ㄇ	
馬穆尼亞飯店	La Mamounia Hotel
馬拉喀什	Marrakech
馬拉斯	Maras
馬林蘇丹國（馬林王朝）	Marinid dynasty
馬格里布	al-Maghrib
馬奎斯	Gabriel García Márquez, 1927-2014
馬丘比丘	Machu Picchu
馬雅文明	Maya civilization
摩納哥	Monaco
摩洛哥迪爾汗（摩洛哥迪拉姆）	Moroccan dirham
摩洛哥堅果（阿甘樹）	*Sideroxylon spinosum*
摩爾人	Moors
茉莉花革命	Tunisian revolution, 2010-2011
莫雷米野生動物保護區	Moremi Game Reserve
墨西哥	Mexico
麥加	Mecca
玫瑰谷	Rose Valley
梅利利亞	Melilla
梅洛	Merlot
梅固山	Jebel Megou

譯名	外文
ㄇ	
梅克內斯	Meknes
梅爾祖卡	Merzouga
茅利塔尼亞王國	Mauretania
曼德拉	Nelson Mandela, 1918-2013
曼蘇爾城門	Bab Mansour
蒙地卡羅	Monte Carlo
米德勒特	Midelt
米歇爾・平索	Michel Pinseau, 1924-1999
秘魯	Peru
穆拉比特王朝（阿爾摩拉維德王朝）	Almoravid dynasty
穆萊・哈桑一世	Hassan I, 1836-1894
穆萊・阿里謝瑞	Sharif ibn Ali, 1589-1659
穆萊・伊德里斯二世	Moulay Idriss II, 791-828
穆萊・伊斯梅爾	Moulay Ismail, 1645-1727
穆罕默德六世	Mohammed VI of Morocco, 1963-
穆罕默德五世	Mohammed V of Morocco, 1909-1961
穆瓦希德王朝（阿爾摩哈德王朝）	Almohad dynasty
ㄈ	
法蒂瑪	Fatima al-Fihriya, c. 800 CE-c. 880 CE
法國	France
法赫德國王 （法赫德・本・阿卜杜勒－阿齊茲・阿紹德）	Fahd of Saudi Arabia, 1921-2005
非洲	Africa
非洲聯盟	African Union
非物質文化遺產	Intangible cultural heritage
菲斯（費茲）	Fez
腓尼基	Phoenicia
費爾蒙飯店及度假村	Fairmont Hotel & Residences
凡爾賽宮	Château de Versailles
芬蘭	Finland
防禦堡壘	Kasbah

譯名	外文
ㄉ	
達色蓮咖啡廳	Dar El Bacha
達爾文	Charles Robert Darwin, 1809-1882
大堡礁	Great Barrier Reef
大西洋	Atlantic Ocean
大阿特拉斯山	High Atlas Mountains
得土安	Tetouan
德國	Germany
德吉瑪市集廣場	Jemaa el-Fnaa
德瑞克海峽	Drake Passage
戴高樂	Charles de Gaulle, 1890-1970
丹吉爾	Tangier
地中海	Mediterranean Sea
地中海聯盟	Union pour la Méditerranée / Union méditerranéenne
ㄊ	
塔里法	Tarifa
塔吉鍋	Tagine
泰國	Tailand
坦吉爾	Tangier
湯姆・克魯斯	Tom Cruise, 1962-
提斯卡山	Jebel Tissouka
天堂島嶼	Ile de Paradise
突尼西亞	Tunisia
土堡旅館	Kasbah Hotel Tombouctou
土耳其浴	Hammam
托德拉河	Todra River
托德拉峽谷	Todra Gorge
ㄋ	
奈略峽灣	Nærøyfjord
南非	South Africa
南極洲	Antarctica

譯名	外文
ㄋ	
尼泊爾	Nepal
尼斯	Nice
牛津大學	University of Oxford
挪威	Norway
挪威峽灣	Norway Fjord
ㄌ	
拉巴特	Rabat
拉巴特皇宮	Royal Palace Rabat
拉里奧比昂酒莊	Chateau Larrivet Haut-Brion
雷根	Ronald Reagan, 1911-2004
老城區	Medina
藍腳鰹鳥	*Sula nebouxii*
黎巴嫩	Lebanon
里夫山脈	Rif
里斯本	Lisbon
里薩尼	Rissani
里亞德	Riad
里約熱內盧	Rio de Janeiro
立鼎世酒店集團	The Leading Hotels of the World
利珊	Litham
聯合國	United Nations
路易十四	Louis XIV, 1638-1715
露天市場	souk
羅馬帝國	Roman Empire
羅斯福	Franklin D. Roosevelt, 1882-1945
隆美爾	Erwin Rommel, 1891-1944
綠色進軍	Green March, 1975
ㄍ	
哥倫布紀念碑	Columbus Monument
格納瓦	Gnawa

譯名	外文
ㄍ	
葛莉絲・凱莉	Grace Patricia Kelly, 1929-1982
蓋朗厄爾	Geiranger
乾河	Wadi
ㄎ	
卡本內蘇維翁	Cabernet Sauvignon
卡魯因大學	University of Al-Qarawiyyin
卡魯因清真寺	Al Qarawiyyin Mosque
卡薩布蘭加	Casablanca
柯爾	Helmut Josef Michael Kohl, 1930-2017
科托帕希峰	Cotopaxi
可蘭經（古蘭經）	Quran
克里特島	Crete
凱旋門	Triumphal arch
烤肉串	Brochette / Kebab
寇克・道格拉斯	Kirk Douglas, 1916-2020
坎城	Cannes
肯亞	Kenya
庫圖比亞清真寺	Koutoubia Mosque
庫斯科	Cusco
庫斯庫斯	Couscous
ㄏ	
哈瑪斯（伊斯蘭抵抗運動）	Hamas (Islamic Resistance Movement)
哈里發	Caliphate
哈里拉湯	Harira Soup
哈桑塔	Hassan Tower
哈桑二世	Hassan II, 1929-1999
哈桑二世清真寺	Hassan II Mosque
荷西	José María Quero y Ruíz, 1951-1979
黑衛	Black Guards
夯土	tadelakt

譯名	外文
ㄏ	
皇家曼蘇爾馬拉喀什飯店	Royal Mansour Marrakech Hotel
黃刀鎮	Yellowknife
ㄐ	
基多	Quito
加拿大	Canada
加拉巴哥群島	Galápagos Islands
迦太基	Carthage
傑拉巴（吉拉巴）	Djellaba
金華飯店	Golden China Restaurant
ㄑ	
齊里王朝	Zirid dynasty
喬貝國家公園	Chobe National Park
喬治王島	King George Island
邱吉爾	Sir Winston Churchill, 1874-1965
ㄒ	
西班牙	Spain
希特勒	Adolf Hitler, 1889-1945
希臘	Greece
希哈	Shiraz
希區考克	Sir Alfred Hitchcock, 1899-1980
夏目漱石	夏目漱石 / なつめ そうせき，1867-1916
謝赫扎耶德大清真寺	Sheikh Zayed Grand Mosque
休達	Ceuta
ㄓ	
直布羅陀海峽	Strait of Gibraltar
智利	Chile
札哈・哈蒂	Zaha Hadid, 1950-2016
中央卡拉哈里野生動物保護區	Central Kalahari Game Reserve

譯名	外文
ㄕ	
沙漠城堡飯店	Tombouctou Merzouga
沙烏地阿拉伯	Saudi Arabia
舍夫沙萬（契夫蕭安、紗富彎）	Chefchaouen
聖保羅	São Paulo
聖地牙哥	San Diego
聖托里尼	Santorini
聖文森角	Cape St. Vincent
ㄖ	
日本	Japan
人類非物質文化遺產代表作名錄	Masterpieces of the Oral and Intangible Heritage of Humanity
瑞典	Sweden
ㄙ	
斯里蘭卡	Sri Lanka
四季酒店	Four Seasons Hotel
撒哈拉沙漠	Sahara
蘇丹	Sudan
ㄧ	
伊比利半島	Iberian Peninsula
伊比利火腿	Jamón ibérico
伊夫・聖羅蘭	Yves Saint Laurent, 1936-2008
伊芙蘭	Ifrane
伊德里斯王朝	Idrisid dynasty
伊瓜蘇瀑布	Iguazu Falls
伊斯蘭教	Islam
以色列	Israel
義大利	Italy
亞馬遜河	Amazon River
亞特蘭提斯	Atlantis
雅典	Athens

譯名	外文
一	
雅各布・曼蘇爾	Yaqub al-Mansur, 1160-1199
雅克・馬若雷勒	Jacques Majorelle, 1886-1962
英國	United Kingdom
ㄨ	
烏達亞斯城堡	Kasbah of the Udayas
烏拉德・阿卜杜勒哈林古城	Ksar Oulad Abdelhalim
烏魯魯	Uluru
烏克蘭	Ukraine
瓦地倫（拉姆乾谷、瓦迪拉姆）	Wadi Rum
瓦爾扎扎特	Ouarzazate
沃呂比利斯	Volubilis
維多利亞瀑布	Victoria Falls
維琪政權	Régime de Vichy, 1940-1944
亡靈節	Day of the Dead / El Día de Muertos
ㄩ	
越南	Vietnam
ㄚ	
阿卜杜拉・本・穆罕默德	Abdullah bin Muhammad Al Saud, 1725-1812
阿布達比	Abu Dhabi
阿布杜拉	Prince Moulay Abdallah of Morocco, 1935-1983
阿摩尼亞	Ammonia
阿特拉斯製片廠	Atlas Studios
阿特拉斯獅子	The Atlas Lion
阿特拉斯山脈	Atlas Mountains
阿拉伯帝國	Caliphate, 632-1258
阿拉伯國家聯盟	Arab League
阿拉比卡咖啡	*Coffea arabica*
阿拉維王朝	Alaouite / Alawite
阿盧卡斯戰役	Battle of Al-Qadisiyyah

譯名	外文
ㄚ	
阿爾哈維因大學	Al Akhawayn University
阿爾赫西拉斯	Algeciras
阿爾及利亞	Algeria
阿伊特本哈杜村	Aït Benhaddou
阿尤恩	Laayoune
ㄜ	
厄瓜多	Ecuador
厄爾切比沙丘群	Erg Chebbi
俄羅斯	Russia
ㄞ	
艾希拉	Asilah
愛馬仕	Hermès
愛麗絲泉	Alice Springs
愛爾蘭	Ireland
ㄠ	
奧瑪・雪瑞夫	Omar Sharif, 1932-2015
奧瑪亞王朝	Umayyad dynasty
奧地利	Austria
奧卡萬戈三角洲	Okavango Delta
澳洲	Australia
ㄡ	
歐洲	Europe
ㄢ	
安法區	Anfa
安達魯西亞	Andalusia
安地斯山脈	Andes

我的夢想清單07　PE0226

追夢摩洛哥
馬格里布人的從容與哀愁

作　　者　艾倫、文琪、Jessica 詹、夏玟成雷
責任編輯　劉芮瑜
圖文排版　陳彥妏
封面設計　嚴若綾

主題策劃　元本旅行社
出版發行　釀出版（秀威資訊科技股份有限公司）
114 台北市內湖區瑞光路76巷65號1樓
電話：+886-2-2796-3638　傳真：+886-2-2796-1377
服務信箱：service@showwe.com.tw
http://www.showwe.com.tw
郵政劃撥　19563868　戶名：秀威資訊科技股份有限公司
展售門市　國家書店【松江門市】
104 台北市中山區松江路209號1樓
電話：+886-2-2518-0207　傳真：+886-2-2518-0778
網路訂購　秀威網路書店：https://store.showwe.tw
國家網路書店：https://www.govbooks.com.tw
法律顧問　毛國樑　律師
總 經 銷　聯合發行股份有限公司
231新北市新店區寶橋路235巷6弄6號4F
電話：+886-2-2917-8022　傳真：+886-2-2915-6275

出版日期　2025年4月　BOD一版
定　　價　450元

讀者回函卡

Printed in Taiwan

國家圖書館出版品預行編目

追夢摩洛哥：馬格里布人的從容與哀愁 / 艾倫, 文琪, Jessica詹, 夏玟成雷合著. -- 一版. -- 臺北市：釀出版, 2025.04
面；　公分. -- (我的夢想清單；7)
BOD版
ISBN 978-626-412-082-1(平裝)

1.CST: 旅遊　2.CST: 摩洛哥

767.39　　114002614

空中盛會
讓精彩話題不斷
飛悅卓越
放鬆心情，於機上酒廊小酌一杯，享受各種小吃，與同行旅客共度美好時光。
更可品味獨特佳釀，讓每段旅程都充滿驚喜與回憶。
Emirates
阿聯酋航空